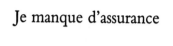
Je manque d'assurance

Agnès Desarthe

Je manque d'assurance

Médium

11, rue de Sèvres, Paris 6ᵉ

Du même auteur à *l'école des loisirs*

Collection Médium
Je ne t'aime pas Paulus
Les peurs de Conception
Poète maudit

Collection Neuf
Dur de dur
Tout ce qu'on ne dit pas

Imprimé en France par **Bussière Camedan Imprimeries**
à Saint-Amand-Montrond
Nᵉ d'édit. : 1964. Nᵉ d'imp. : 1/1251

À Micha Lescot

Dans le métro, à Paris, les lignes n'ont plus de noms, elles ont des couleurs. C'est un truc nouveau. Un truc pour les gens qui ne savent pas lire. Dans ma classe, il y en a plusieurs. Ils arrivent à déchiffrer les pochettes d'albums, mais ça, c'est parce qu'ils ont vu la pub à la télé. Je le sais parce que, quand j'étais petit, je faisais la même chose. Tous les matins, ma mère me demandait: «Tu veux ton Nesquik?» et un jour, alors que j'avais trois ans et demi, je suis entré dans la cuisine, j'ai montré la boîte jaune et j'ai dit: «Là, il y a écrit Nesquik.» Ma mère en a conclu que je savais lire et aussi que j'étais un génie, mais ça, elle le pensait déjà avant. Il n'y a rien de plus facile que de faire croire à ses parents qu'on est un génie, tout simplement parce qu'ils ne demandent que ça.

En classe, c'est pareil, c'est très facile d'être nul; parce que les profs n'attendent que ça. Mme Parisi, la prof de maths, adore dire: «Ce pauvre Djamel, on n'en tirera jamais rien.»

M. Grifon, le prof d'histoire-géo, préfère soupirer: «Samantha; cas social, très difficile, grosse blessure dans l'enfance.» Je ne sais pas de quoi il veut parler; ce qui est sûr, c'est que Samantha a une poitrine assez impressionnante pour son âge et que lorsque M. Grifon dit «grosse blessure», nous, on pense tous «gros seins». C'est notre genre, complètement débile. Enfin, pas moi, pas complètement en tout cas.

Si je vous raconte tout ça, c'est pour vous mettre dans l'ambiance, pour que vous nous imaginiez. Quatrième 3, douze garçons, seize filles, un premier de la classe: Ludovic Mestre, un dernier de la classe: Julien Parisi. Ce n'est pas le fils de Mme Parisi — notre prof de maths — c'est juste un type comme les autres, sauf qu'il sait lire mais qu'il est quand même dernier, parce qu'il tremble tout le temps et qu'il peut à peine parler.

Au début, je croyais qu'on était dans un collège normal, comme celui que j'avais quitté à la fin de la cinquième. J'aurais pu me douter de quelque chose, parce que, quand on a emménagé, les voisins ont dit à ma mère de me mettre chez les curés; «Anton-Tchekhov, c'est une vraie poubelle», ont-ils ajouté pour la convaincre – «Avec un nom pareil, ça m'étonnerait!» a répondu ma mère, qui a tendance à croire dans les noms et leur pouvoir de prédestination; la preuve, elle m'a appelé Louis (pour Aragon), Gandhi (pour Gandhi), Amadeus (pour Mozart).

Comme il s'agissait tout de même de l'avenir de son fils, elle a décidé d'appeler mon père, persuadée qu'il serait du même avis qu'elle. «Je suis républicaine et je le reste», a-t-elle hurlé dans l'appareil au bout de deux minutes de conversation. J'en ai conclu que mon père n'avait rien contre les curés. «Moi vivante, il ne mettra pas les pieds dans le privé», a-t-elle ajouté. Ce n'était pas la première fois qu'ils se disputaient au téléphone − leur divorce, j'en ai peur, n'est pas très réussi − mais, malgré l'habitude, j'ai quand même été traversé par un frisson violent. Elle vivante, je ne mettrais pas les pieds dans le privé ; parfait : mon père avait souvent eu envie de la tuer, il tenait enfin le mobile rêvé. « Tu iras chez les curés, mon fils », déclare mon père, un couteau ensanglanté à la main, « ta mère n'a pas eu le temps de dire oui, mais je suis sûr qu'elle aurait été d'accord. » Je n'aurais vraiment pas aimé que mon père devienne assassin par ma faute. Bien entendu, j'aurais encore moins aimé que ma mère se fasse tuer mais, étrangement, cette seconde proposition était tout simplement inimaginable. Mon père en assassin, oui, pourquoi pas, assez classe même, dans le genre. Ma mère en assassinée, non, impossible, trop là, trop tout le temps là. J'ai beaucoup d'imagination, je le sais, je l'ai toujours su et, en plus, cette année, c'est écrit noir sur blanc en bas de mon bulletin.

Avant, ça ne posait pas trop de problèmes. Je

veux dire, quand on était une famille normale : le père dentiste, la mère à la maison, et Edson (pour Pelé), Claude (pour Debussy), Fedor (pour Dostoïevski), Edson, mon frère aîné, maître, modèle et mentor, à quinze centimètres de moi, de l'autre côté de la cloison, dans son lit identique au mien. Edson a dix-huit mois de plus que moi et c'est un type formidable. La nuit, on tirait chacun notre matelas pour découvrir un trou pratiqué dans le placoplâtre à l'aide d'un tire-bouchon. On se parlait comme deux prisonniers, pendant des heures. Les parents ne nous auraient sûrement pas interdit de dormir dans la même chambre, si on l'avait demandé, ils ne se seraient pas non plus opposés à ce qu'on se rende visite l'un à l'autre la nuit pour discuter (ils sont très fiers de notre relation), mais Edson a toujours été très à cheval sur le règlement – en particulier quand c'est lui qui l'a établi.

Deux jours avant la rentrée, j'ai commencé à entamer le mur de ma chambre dans le nouvel appartement qu'on habite, ma mère et moi, depuis le divorce. C'était une idée idiote, une sorte de réflexe, car de l'autre côté de la paroi, il n'y a plus personne. Plus personne pour m'écouter, plus personne pour me parler, plus personne avec qui se brosser les dents le soir, plus personne avec qui rêver de faire le mur et ne pas le faire, plus personne pour me dire ce que je ferai plus tard et l'impression que ça donne quand on embrasse une fille très belle qui a mangé du camembert juste avant. STOP! Je crois que je dois vous avouer quelque chose. Pour être tout à fait honnête, j'adorerais que vous pensiez que mon frère chéri est mort, et que vous ayez infiniment pitié de moi. Peut-être même que si vous êtes une fille, vous tomberiez amoureuse, rien qu'à cause de cette histoire. Mais heureusement pour lui, et aussi pour moi, bien sûr, Edson est seulement parti terminer sa scolarité au lycée sport-études de Nice, à mille kilomètres d'ici. C'est vrai qu'il est fort en volley-ball, qu'il mesure un mètre quatre-vingt-dix et qu'il est agile comme un chimpanzé – à dix ans il a gagné le concours de magie toutes catégories de la plage du Touquet – mais je sais qu'il ne serait jamais parti si mes parents n'avaient pas décidé de se la jouer moderne.

Pour moi, c'est clair, Margarita et Henri Desruelles (mes parents) sont victimes du progrès technologique. Ils ne se sont jamais bien entendus, c'est un fait, mais je suis sûr qu'ils se sont toujours aimés – on en a longuement discuté, Edson et moi. Tout a commencé à dérailler lorsqu'ils se sont acheté un répondeur. Chacun relevait les messages de l'autre et oubliait de les lui transmettre. Ça n'a l'air de rien comme ça, mais vous ne connaissez pas ma mère, elle est très impulsive – volcanique, dit Edson. Elle s'est mise à laisser à mon père des messages de plusieurs dizaines de minutes, mélanges d'insultes et d'informations indispensables pour l'organisation de ses journées (afin de l'obliger à écouter). Mon père a fini par répondre de la même façon et ils ont pris le pli. C'était tellement plus simple de se disputer par répondeur interposé que mon père est parti habiter ailleurs. Maintenant, ils ont chacun leur téléphone et ils pensent que tout va bien, que c'est mieux pour les enfants et qu'on peut encore refaire sa vie à quarante-cinq ans. Enfin, d'une certaine façon, c'est leur problème. Là où ça commence à être le mien aussi, c'est qu'Edson n'a pas pu s'empêcher de marquer son indignation en désertant le foyer.

Il me l'a annoncé à la fin du mois de juin, alors que j'avais de sérieux espoirs de tomber amoureux, pour la première fois de ma vie, d'une fille que je croisais le mardi matin à la boulangerie. Il me l'a dit vers minuit moins le quart, par le trou du mur: «*Brother, I going to Nice to do the sports and studies, because I not support life here without father.*» Edson parle toujours anglais quand il est gêné ou ému. Il fait pas mal de fautes, mais il a un bon accent, il parle comme dans les films en fait, exactement comme dans les films. Je ne lui ai rien répondu, j'ai pleuré en mordant mon oreiller ; j'en avais sûrement déjà entendu parler sans chercher à comprendre, autrement, je lui aurais posé des questions, j'aurais essayé de le dissuader. D'une certaine manière, Edson dans un lycée sport-études, c'était comme un hibou sur une plage ensoleillée : ridicule, impossible et triste.

Fin août, il a fait ses bagages et nous aussi parce que ma mère avait décidé de changer d'appartement. Je n'ai pas voulu l'accompagner à l'aéroport. C'est à partir de ce moment-là que j'ai commencé à avoir un problème avec la réalité. Au début, ce n'était pas trop grave, mais ensuite, ça a sérieusement dégénéré. Le pire, c'est qu'au fond tout est de ma faute ; j'ai toujours eu l'impression que j'étais le héros de l'histoire. Dans les histoires, les héros ne meurent pas, les héros ne font pas d'erreurs, les héros savent comment s'en sortir. J'avais trop confiance, c'est ça le problème. Et surtout, j'aimais penser que rien n'est grave. Je ne suis pas le seul. On est tous comme ça. Prise de tête, on dit.

Tout a commencé par une histoire d'argent et tout s'est compliqué à cause d'une histoire d'amour. Personne ne me croit, parce que, à treize ans, l'argent n'existe pas, et l'amour, on ne sait pas ce que c'est. Pourtant, je ne mens pas. J'ai décidé de ne pas mentir. Mais, bizarrement, plus je dis la vérité, moins ce que je raconte a l'air vrai. Au départ, il ne s'agissait que de cent vingt francs. Les cent vingt francs de l'assurance scolaire que ma mère m'avait confiés le 20 septembre, il y a exactement trois mois. Si seulement j'avais laissé les billets dans l'enveloppe, je n'en serais pas là aujourd'hui.

— Louis, je peux te faire confiance?

J'ai cligné des paupières. Ma mère réagit au doigt et à l'œil; avec elle, je n'ai pas besoin de parler.

— Tu fais bien attention à l'enveloppe. Tu la donneras à ton père, après les cours, pour qu'il fasse le chèque et qu'il l'envoie à l'assurance. La fiche verte est remplie, il n'aura rien à faire.

— Tu ne trouves pas que c'est un peu mesquin? ai-je demandé.

— Comment ça? a-t-elle fait distraitement, tout occupée à fouiller dans son sac à la recherche de ses clés de voiture.

— Il pourrait payer l'assurance lui-même, non?

— Écoute, mon grand, mêle-toi de tes

affaires. On s'est arrangés comme ça. C'est moi qui paie tous vos frais de scolarité. Mais là, je n'ai plus de chèque, et on est déjà en retard, alors, s'il te plaît, arrête de faire des histoires et, surtout, n'oublie pas de lui donner l'argent. Je n'ai pas envie d'entendre une des ses mille petites réflexions sur mon manque d'organisation.

– C'est vous qui faites des histoires, ai-je marmonné. Et c'est vrai que tu manques d'organisation.

Elle a levé les yeux au ciel et m'a embrassé sur le front.

Une fois dans sa voiture, elle s'est penchée par la fenêtre.

– Tu es sûr que tu ne veux pas que je t'accompagne?

Je n'ai pas répondu. Elle sait parfaitement que j'ai horreur d'arriver au collège en voiture.

Le ciel était bleu clair et le soleil découpait les immeubles en cubes alternativement sombres et dorés. En me dirigeant vers le collège je me suis demandé ce que je pourrais écrire d'original sur le sujet de rédac à rendre pour le mardi suivant: «L'automne, une description impressionniste». Comme tous les élèves de mon âge, j'étais devenu une sorte d'expert en météorologie, à force de remplir mes copies doubles de réflexions sur les feuilles mortes, les tapis de neige et les bourgeons des marronniers. J'aimais les détails; plus j'en accumulais, plus j'avais l'impression d'être un véritable écrivain. Je mettais également un point d'honneur à ne pas travestir la réalité. «L'observation est le commencement de tout», dit Edson, et il a raison. Cet automne ne ressemblait pas aux autres, il faisait chaud, les feuilles étaient encore vertes, et si je n'avais pas fait ma rentrée quinze jours plus tôt, j'aurais juré qu'on était encore en plein été. Mon sac ne pesait rien sur mes épaules et, dans la poche gauche de mon pantalon, je percevais le froissement régulier des billets dans l'enveloppe à chaque pas que je faisais. Un an plus tôt, nous habitions encore en face du Père-Lachaise et je faisais le trajet jusqu'au lycée Voltaire en dribblant Edson – intérieur, intérieur, extérieur, passe – extérieur, extérieur, jonglage pied, genou, pied, passe – c'était notre unique dialogue sur quatre cents mètres.

Au cours de mes premiers trajets en solitaire jusqu'à mon nouveau collège, j'avais essayé de dribbler Edson en rêve, mais je n'arrêtais pas de perdre la balle. Les voitures klaxonnaient et les gens se moquaient de moi ; surtout les filles. Avant, ça ne me dérangeait pas que les filles ricanent sur mon passage, maintenant, je rougis et ça m'énerve tellement que je rougis deux fois plus. Au bout d'une semaine, j'ai laissé le ballon dans la cour et maintenant, des petits îlots de mousse verte commencent à se dessiner sur le cuir usé. Dans mes moments de grande poésie, je me compare à ce ballon, seul et abandonné dans le coin le plus sombre d'une cour humide.

Tout en m'efforçant de trouver un début

original à mon texte sur l'automne, je me suis rendu compte que j'étais justement dans un de ces moments-là, un moment de poésie pure, où la vue d'un chien sans collier me tire les larmes, où les pleurs d'un enfant sortant d'une fenêtre sombre me convainquent qu'il est battu, où je me vois comme un pauvre ballon de foot dont personne ne veut et qui se recouvre de mousse pour mieux cacher sa peine. Tous mes copains étaient encore à Voltaire à magouiller pour se retrouver dans la même classe et je savais qu'ils m'avaient déjà oublié. Que voulez-vous, les enfants sont sans cœur (ce n'est pas moi qui le dis, c'est dans *Peter Pan*). Les enfants sont sans cœur et le pire, c'est que ça ne s'arrange pas avec l'âge. À voir la tête de Kevin et de Djamel quand j'avais demandé, le jour de la rentrée, si je pouvais m'asseoir au bout de leur rangée, le peu d'espoir que j'avais concernant l'humanité s'est effrité d'un coup. Il n'y avait rien dans leurs yeux, pas de haine, pas d'amitié, pas d'iro-nie, rien. Ça s'appelle «le regard blanc», c'est un truc qu'ils ont inventé l'année dernière et qu'ils m'ont appris à faire depuis. On doit baisser légèrement la tête et regarder par en dessous. Normalement, si on le fait bien on aperçoit la ligne de l'arcade sourcilière; on maîtrise complètement ce regard lorsqu'on est capable, tout en donnant l'impression à l'adversaire qu'on le dévisage, de rester entièrement concentré sur ses propres sourcils. Mais je vais trop vite, à l'époque, je ne connaissais rien des secrets de Kevin et Djamel, je n'avais encore adressé la parole à personne à part pour dire : «Fais la passe». On jouait pas mal au foot à Anton-Tchekhov, et j'avais commis une grave erreur dès le premier jour. J'avais voulu les impressionner: petit pont, grand pont, percée de la défense adverse, feinte, aile de pigeon, et droit dans les buts. Les membres de mon équipe étaient aussi dégoûtés que les autres. Edson avait pourtant essayé de m'apprendre comment on s'intègre dans un groupe: en douceur, sans la ramener, en flattant même les autres si nécessaire.

Ce que j'ai compris cette année — depuis que je n'ai plus le cerveau de mon grand frère pour penser à ma place —, c'est que, pour s'intégrer, il faut être complètement fadasse, ou alors très sûr de soi. Moi je ne suis pas comme Edson, je doute beaucoup. Parfois je pense que je suis génial mais, la plupart du temps, j'ai honte de moi et je ne sais pas quoi faire de mes mains, de mes bras, où regarder, ni que dire.

J'en étais donc à me comparer à un pauvre ballon de foot rongé par la mousse, quand une idée folle m'a traversé l'esprit. En temps normal, je sais reconnaître l'idée folle (c'est celle qui donne des frissons et fait battre le cœur) et je l'arrête aussitôt, avant qu'elle ne se formule. Rien de plus dangereux qu'une idée folle qu'on laisse se développer, parce qu'une fois qu'elle est ancrée dans l'esprit, on ne peut pas lui résister. Ce matin-là, je n'ai pas eu la force de mettre un frein à mon imagination et une voix en moi a susurré : « Et si tu n'allais pas en cours ? En début d'année, on ne fait pas grand-chose.

Tu as cent vingt francs, il fait beau, fais ce qu'il te plaît, comme les autres, comme tout le monde.» J'ai palpé l'enveloppe contenant l'argent de l'assurance. Edson et moi avions été privés d'argent de poche six mois plus tôt parce qu'on l'avait utilisé – entre autres – pour acheter des cigarettes. Après s'être fait pincer par notre père, on lui avait expliqué pendant des heures que ce n'était pas pour les fumer, mais pour les offrir aux gens qui nous en demandaient dans la rue ; c'était la vérité, mais ça n'avait servi à rien. On aurait mieux fait de mentir. Je ne vivais donc, depuis quelque temps, que d'un petit commerce de gâteaux secs que je raflais chez ma grand-mère pour les troquer contre des cigarettes, que je revendais ensuite pour m'acheter une place de cinéma. À ce rythme-là, j'avais réussi à voir trois films en cinq mois. C'était mieux que rien, mais on comprend facilement mon ivresse à l'idée qu'avec ce que j'avais en poche, je pourrais enchaîner trois séances en un jour.

Ce calcul fait, je ne pouvais plus reculer.

J'ai pris la première à gauche et je me suis mis à courir de toutes mes forces, de peur que ma raison ne me rattrape. Avant de décider quel film je voulais aller voir, je me suis offert un petit bronzing dans un jardin public, les yeux fermés, la tête rejetée en arrière, les mains posées à plat sur le banc déjà chauffé par le soleil. J'ai pensé que j'étais le type le plus heureux du monde et, juste à ce moment-là, j'ai senti mes yeux gonfler sous mes paupières. Deux larmes ont coulé le long de mes joues. C'était la première fois que je faisais un truc agréable tout seul. Pour me faire un peu plus mal, j'ai pensé à «Face contre terre», un jeu qu'on a inventé avec Edson. Chacun annonce une date à son tour, ou le nom de deux équipes de foot, l'autre doit aussitôt plonger, se coller le nez au sol, crier «face contre terre» puis raconter l'action catastrophique qui a disqualifié le club fétiche. Par exemple, Edson dit: «Quatre-vingt-neuvième minute, Ginola entre sur le terrain.» Je crie: «Face contre terre», et je récite: «France/Bulgarie, tir manqué de Ginola, élimination de la France à la dernière minute par Emile Kostadinov.» Si on attend plus de trois secondes avant de s'étendre, on a perdu.

Quand on perd, il ne se passe pas grand-chose, on dit: «J'ai perdu la face» et le vainqueur donne une tape, amicale et triomphante à la fois, sur l'épaule du vaincu. Je me suis récité à moi-même quelques arrêts mémorables et je me suis demandé comment Edson s'en sortait avec ses nouveaux amis, des types de son âge, sportifs et sûrs d'eux qui n'avaient rien à envier à un moucheron comme moi. Je commençais à avoir trop chaud et les premières séances du matin débutaient une demi-heure plus tard. J'ai pris le métro jusqu'aux Halles et je me suis offert une petite consultation gratuite de *Pariscope* dans une librairie-papeterie assez grande pour ne pas me faire repérer. Mon choix n'a pas été très difficile à faire, j'avais d'avance décidé d'une grille: un film américain, une reprise, un aveuglette.

Le cinéma est peut-être le seul domaine dans lequel je n'ai de leçons à recevoir de personne, pas même d'Edson. Je n'ai pas pu m'empêcher de sourire en me faisant cette réflexion, parce que ça m'a rappelé la seule fois où, au cours d'une dispute avec lui, j'ai senti que j'avais raison. Il était une heure vingt du matin et il m'expliquait depuis une demi-heure que tout avait été fait, que les derniers grands films dataient des années soixante et qu'il n'y avait qu'un Japonais de temps en temps pour nous donner l'impression que le septième art n'était pas complètement mort. Je l'ai d'abord écouté calmement, prêt, comme toujours, à tirer des enseignements de sa vision du monde, et puis, peu à peu, j'ai senti la riposte monter en moi.

— C'est facile de dire ça, si tu vas toujours voir les mêmes films. Tu as décidé d'avance qui était bon et qui était mauvais et tu ne prends jamais de risque. Moi, quand je fais un coup d'aveuglette, je suis souvent déçu, mais parfois, c'est génial. Je vais voir un film, comme ça, pour rien, parce que l'affiche me plaît, que le titre me revient. Des fois c'est nul et d'autres fois, c'est bien, aussi bien que tes films de musée.

— Un exemple, donne-moi un seul exemple.

Ça, c'est exactement le genre d'Edson : aucune confiance dans les jugements de l'autre, des preuves, toujours des preuves. Évidemment, je n'avais aucun exemple en tête — quand j'ai la pression, mon cerveau se vide automatique- ment — alors j'ai dit :

— C'est bon, t'as gagné.

Il n'a rien ajouté et j'ai su que, si j'avais raté le K.-O. de peu, je le battais aux points.

Pour l'américain, j'avais l'embarras du choix ; j'ai sélectionné *Menace II Society*, parce que je trouvais ça marrant qu'il y ait un numéro dans le titre. Parmi les reprises, j'en avais déjà vu un certain nombre et j'ai fini par me décider pour *Big Boss*, un vieux Bruce Lee dont mon père m'avait parlé. «Papa n'est pas vraiment un intellectuel», c'est une phrase de ma mère, ça. Une de ces phrases exprès pour faire mal, qui sont censées blesser son mari, et ne font que briser le cœur de ses fils. Je ne sais pas si mon père est un intellectuel et, pour tout dire, je m'en fiche complètement. Une chose dont je suis sûr, c'est que sa passion pour les films de karaté n'en fait pas un imbécile. En mémorisant la salle et les horaires de *Big Boss*, je me suis senti solidaire de lui et ça m'a fait du bien.

Pour ce qui est de l'aveuglette, le jeu était un peu faussé, car le film qui me faisait envie n'était pas complètement inconnu, il avait eu la Caméra d'or à Cannes et portait un titre crous-tillant : *Petits arrangements avec les morts*. Ça, c'est plutôt le genre de ma mère : poésie, mystère, second degré. Edson m'aurait dit que c'était encore un de ces films de femme à la noix de coco, mais moi j'avais justement décidé de m'intéresser un peu plus aux femmes à la noix de coco. L'observateur averti ne manquera pas de noter qu'ayant prêté allégeance à mon père en communiant mentalement avec lui autour d'une partie de nunchaku, je ne pouvais refuser de rendre un hommage discret à ma mère, histoire d'équilibrer les forces. C'est ça qui est épuisant quand on a des parents divorcés, ce désir de justice, d'égalité, de démocratie même. L'avantage, bien sûr, c'est que ça rend plus intelligent. Du moins, c'est ce qu'on s'était dit avec Edson le soir où nos parents, empreints d'une grande solennité, étaient venus nous présenter ce qu'ils appelaient leur «nouveau projet de vie».

Les séances s'imbriquaient à merveille et j'ai passé ma journée en sous-sol – tandis que le soleil accomplissait sa course dans le ciel – à alterner couloirs de métro et salles obscures. Lorsque je suis ressorti des entrailles de Paris, il était quatre heures vingt, les rues étaient dorées, mes yeux éblouis, ma tête en compote, et mon cœur étrangement serré. Je n'avais rien avalé depuis le matin, et les images qui avaient défilé devant mes yeux se bousculaient. Un bourdonnement agaçant envahissait mes oreilles. Je me sentais perdu, comme lorsqu'on se réveille au matin et qu'on n'a aucune idée de l'endroit où l'on se trouve. L'angoisse, car c'est de ça qu'il s'agissait, m'avait envahi graduellement.

Pour la première séance, je m'étais installé confortablement, les pieds posés sur le dossier du siège juste devant moi, les bras en croix. Le *sound system* à fond les manettes m'a labouré l'estomac et j'ai subi une séance de tir au silencieux d'une heure et demie. *Fuck mother fucker – what's the fuck – you fuck the –* ptiiiiiou-patch-plaf – deux morts. *You fucker – don't fuck the fuck with me –* ptiiiioupatch-plaf – mare de sang, ruisselet d'hémoglobine à la commissure des lèvres, un coup de poing dans la tête de sa bonne femme, le dealer a fichu le camp avec le fric, trop tard, il avait pourtant décidé de se ranger et de fonder une famille, sauf que – *you nigger – don't fuck the fuck out of me –* ptiiiiiou – patch – slash – fiizzz, coups de feu, cutter, dollars dispersés dans les airs, enfants en larmes qui tirent sur la jupe de leur mère, shponk – slaz – vrrrrr – shtonk, portières qui claquent, coup de frein, dérapage – *yeah men yo* – fin du film, les doigts presque poisseux de tout ce sang si facile à verser. Dans le métro, je me suis senti affreusement vulnérable, un auriculaire coincé dans la porte et le sac de globules que j'étais se viderait irrémédiablement.

Bruce Lee, à côté, c'était de l'opérette. Des bruits mats de chair, d'étoffe déchirée, un carillon de coups de canne, de massue, de chaîne. Des corps intacts abattus au pied de grands arbres. Une chorégraphie silencieuse, et un vrai bon gentil face à tous les horribles méchants. Le tout encore assourdi par un matériel de projection d'avant-guerre et les vrombissements du métro tout proche. J'ai commencé à me sentir mieux, jusqu'à la dernière image, où mon cœur s'est soudain glacé. Le film finissait en queue de poisson, Bruce Lee gelé à jamais dans un saut dont il ne redescendrait plus. Il était mort – pour de bon – pendant le tournage, et l'histoire ne disait pas si le petit dragon venait à bout de la bande de gros bras. Mon père m'avait raconté cette tragédie, mais j'avais eu le temps de l'oublier. Je me suis demandé bêtement si ça faisait plus mal de mourir pour de vrai.

Encore tout tremblant, je me suis assis dans un des grands fauteuils pourpres d'un cinéma des Champs-Élysées. Je commençais à être passablement anesthésié. Pendant la pub, j'ai compté ce qui me restait comme monnaie. Les quelques pièces luisaient dans la semi-obscurité d'un éclat menaçant ; elles me rappelaient soudain que je n'étais pas un spectateur comme les autres, que j'aurais dû être en cours et que mon père allait devoir payer l'assurance scolaire de sa poche. Le film ne ressemblait pas du tout à l'idée que je m'en étais fait. Je suis sûr qu'Edson aurait adoré. Cette fois, il n'y avait pas de sang, pas de bagarre, pas de meurtre, juste la répétition jusqu'à l'épuisement d'images presque identiques, des vraies personnes, des visages, et la mort, encore elle, sauf que cette fois-ci, c'était pour de vrai. La mort, c'est quand les gens qui restent sont très malheureux. Le départ d'Edson, c'était un peu pareil, ça ne m'avait paru vrai que lorsque j'étais allé dans sa chambre et qu'il n'y était plus, que ses affaires avaient disparu, et que ma mère, en appelant pour qu'on se mette à table, ne pouvait plus crier: «Les garçons!»

J'ai regretté d'être seul en sortant du cinéma. D'habitude, je déteste les conversations de sortie de film: «Et t'as vu quand l'avion a décollé? Ouah, le son, trop génial!» «Et quand il dit à sa copine qu'elle ferait mieux de mettre des jupes? La tronche de la fille!» Je suis plutôt un adepte de la méditation en solitaire. Sauf que, cette fois, minuscule sur le trottoir envahi de monde et de soleil, je me suis senti, moi aussi, menacé de disparition. Si je ne faisais pas attention en traversant et qu'une voiture me fauchait, il n'y aurait personne pour appeler les pompiers.

Je me suis acheté un croissant et un Coca avec l'argent qui me restait et je suis rentré comme un zombie chez mon père. L'appartement était silencieux, vide, comme inhabité. Dans ma chambre, il avait collé une affiche au mur «pour faire plus gai», mais dès que je la voyais, ça me donnait le cafard. C'était une photo de safari, avec des animaux sauvages à perte de vue; le genre d'images que les pères trouvent idéales pour décorer une chambre de garçon. Moi, je trouvais juste ça ringard. Certains soirs, pour me faire du mal, je m'imaginais mon père, monté sur un tabouret, tout seul dans son nouveau chez-lui, avec des punaises dans la bouche en train de fixer le poster au mur, pendant que sa soupe instantanée refroidissait dans la cuisine; à tous les coups ça me donnait envie de pleurer.

Je crois que je trouve cette histoire de divorce complètement ridicule. Ma mère, par exemple, a complètement disjoncté depuis qu'elle vit seule. Elle s'est mise à travailler dans la librairie d'une copine. Je sais qu'elle n'a pas vraiment besoin d'argent, «il faut que je me revalorise», dit-elle. Personnellement, je ne crois pas à tous ces trucs. Virginie, sa copine libraire, est divorcée aussi, depuis quatre ans, et je pense que ma mère fait un stage chez elle pour apprendre à vivre comme une femme moderne. Virginie lui donne des tonnes d'excellents conseils, elle l'emmène au théâtre, lui explique qu'il ne faut pas qu'elle se laisse aller, lui propose de se teindre les cheveux et lui vante les avantages de la thalassothérapie (d'après ce que j'en ai compris moi-même, il s'agit d'une sorte de colonie de vacances pour femmes grosses, fatiguées, ou divorcées, pendant laquelle elles prennent des bains toute la journée, dans de la boue verte qui donne des forces). Ma mère fait d'énormes efforts pour ressembler à son amie, elle prend des cours d'informatique et dit que les hommes sont des salauds en buvant une petite vodka à sept heures du soir. Elle fait semblant d'y croire, mais moi, je ne marche pas. Quand parfois mon père vient me chercher le samedi midi, elle se maquille et s'habille ; elle est très nerveuse, elle se recoiffe quinze fois, et s'il lui dit qu'elle est très en beauté, elle rougit. Malheureusement, elle ne peut pas s'empêcher de lui répondre que c'est pour se trouver un nouveau mari. Mon père s'énerve, lui dit qu'à son âge, ce n'est peut-être plus la peine et, quand on referme la porte de l'appartement, j'entends ma mère pleurnicher et donner des coups de pied dans la commode du couloir. Dans la voiture, mon père serre les mâchoires et insulte les automobilistes. Je me recroqueville sur mon siège et j'attends que ça passe.

Souvent on va déjeuner au restaurant. Au début, je trouvais ça génial – j'adore les restaurants – mais depuis que j'y ai vu d'autres enfants comme moi, seuls avec leur père qui ne sait pas quoi dire pour les amuser, je trouve que c'est sinistre ; je m'imagine le personnel – du patron au cuisinier en passant par les serveurs − en train de se frotter les mains : « Tiens, c'est samedi, on va faire un gros chiffre d'affaires avec tous les pères divorcés qui ne savent pas faire la cuisine. » Samedi dernier, j'ai dit à mon père que j'avais trop de devoirs et je lui ai demandé si on ne pourrait pas se contenter de sandwichs à la maison. Dans son regard, j'ai lu une reconnaissance infinie et je me suis demandé pourquoi les parents se compliquent tellement la vie.

J'ai allumé la télé, histoire de mettre un peu d'ambiance, mais j'avais trop mal à la tête pour la regarder. J'ai tourné en rond un long moment en essayant de ne pas garder les yeux braqués sur ma montre. Normalement, mon père aurait déjà dû être là. Il savait que maman sortait ce soir et qu'il devait prendre le relais, il lui avait promis de quitter le cabinet à cinq heures.

Vers six heures, après avoir englouti un kilo de Danette à la vanille, je me suis décidé à l'appeler. Le répondeur du docteur Desruelles m'a répondu qu'en cas d'urgence je pouvais appeler le dispensaire de Montrouge. J'ai raccroché furieux et j'ai pensé que si ma mère manquait d'organisation, mon père manquait sérieusement de mémoire.

Il m'avait oublié.

J'ai voulu tout détruire, vider les placards et fracasser la vaisselle sur le sol. Je suis entré dans la cuisine, prêt à déclencher un ouragan. Mon regard s'est aussitôt arrêté sur la pauvre étagère qui sert de rangement provisoire à mon père : trois petits bols dépareillés et une pile d'assiettes en carton. L'ouragan s'est ratatiné au fond de mon ventre et j'ai donné un coup de poing dans la porte du frigo. Ça m'a fait horriblement mal, mais ça m'a calmé aussitôt.

Le téléphone s'est mis à sonner. J'ai décidé que si c'était mon père, je lui raccrocherais au nez.

— Allô, *brother, feel good today* ?

— Bof, et toi ? Tu voulais parler à papa ?

— Pas spécialement. C'était juste un petit coup de fil du vendredi soir pour checker l'état de notre cellule familiale éclatée. Alors, *feel good today*, ou quoi?

— Ou quoi, ai-je répondu d'une voix sinistre.

— Feel pas good du tout? a dit mon frère, très psychologue.

— Papa m'a oublié.

— Et alors, t'as pas trois ans. Tu peux quand même rester tout seul le soir à la maison.

— Arrête. Tu sais très bien que ce n'est pas ça le problème. C'est une question de principe.

— C'est vrai, a dit Edson soudain très sérieux. Tu as raison. Père manque de principes et il aura un blâme pour ça.

— Un blâme? Tu rigoles. On va pas jouer les grands seigneurs sur ce coup. Je propose vingt-sept blâmes et demi.

Je me sentais déjà mieux. Ma mère répète tout le temps: «Dis-moi ce qui ne va pas. Ça fait du bien quand on en parle.» En général, je lui réponds par un regard blanc. J'ai tort. Le simple fait de dire à Edson que je collais vingt-sept blâmes et demi à mon père avait suffi à dissoudre ma colère.

J'aurais pu continuer, tout lui raconter. J'aurais pu prendre une voix grave et lui confier que j'avais regardé la mort en face tout l'après-midi. Je lui aurais dit qu'elle venait facilement, que ça me faisait peur, et que depuis mon indigestion cinématographique, j'avais l'impression de sentir chaque centilitre de sang entrer et sortir de mes valves cardiaques. Il n'aurait rien répondu, mais je me serais senti apaisé. Ensuite, je lui aurais parlé de l'argent de l'assurance scolaire. « Si je dis à papa de payer, il va appeler maman pour lui dire que ce n'était pas convenu comme ça. Elle va se mettre en colère. Ils vont se disputer. Elle va comprendre que j'ai détourné les fonds et me traiter de voleur. » Ç'aurait été si facile. Edson aurait trouvé une solution, ou alors, il m'aurait dit de ne pas m'inquiéter, et ça aurait suffi. Mais je n'ai pas osé. Je savais qu'il n'était pas précisément au paradis depuis la rentrée. Il devait se sentir comme un vieux ballon de foot abandonné qui se couvre de mousse. Rien qu'à sa voix, je sentais qu'il ne s'était toujours pas habitué à vivre parmi les fous-de-leur-corps. C'est comme ça qu'il appelait ses collègues sportifs du lycée de Nice. Si je lui disais que j'avais passé ma journée au cinéma, il mourrait de jalousie.

— Stielike vient de rater son penalty, ai-je dit pour meubler. Didier Six se prépare à tirer le sien.

— Face contre terre, a-t-il répondu. France / Allemagne 1982.

— Trop facile, ai-je ajouté. T'as passé une bonne journée ?

— Normale. Soixante-quinze pompes depuis ce matin, dont vingt-cinq claquées. J'ai l'impression d'être une salamandre épileptique.

Je n'ai pas réussi à rire.

— Et toi ? a-t-il ajouté distraitement.

— Rien de spécial.

J'avais la mâchoire complètement raide, comme lorsqu'on va pleurer. Le téléphone, ce n'est pas du tout comme un trou dans le mur en plein milieu de la nuit. On ne peut pas se parler au téléphone. On est seul. On se cogne le menton contre le combiné en plastique et si on croise son reflet dans un miroir, on a juste l'air d'un fou qui soliloque.

– Je dis à papa que tu as appelé?

– Non, c'est pas la peine.

– Tu rentres bientôt?

– À la Toussaint, ou à la Trinité.

– Salut, alors.

J'ai raccroché. Le silence s'est lentement empli de ronflements de moteurs, de grincements de pneus qui crissent, de voix d'enfants lointaines, et des pas de tous les habitants de l'immeuble tournant en rond dans leurs appartements. Debout près du téléphone, j'ai pris une grande décision: ne rien faire. Je ne parlerais pas de l'assurance à mon père. Ma mère ne saurait rien. Au fond, ça n'avait aucune importance.

Le samedi matin, j'ai appris que le cahier de classe avait été volé et que les profs n'avaient pas pu noter les absents. Les collèges-poubelles, ça a parfois du bon.

Je me suis demandé s'il était temps que je me mette à croire en Dieu. Sauf qu'un Dieu qui sert à couvrir les types qui sèchent les cours pour aller au cinéma avec l'argent de l'assurance ne m'a pas semblé digne de trôner dans les nuages en attendant qu'on se prosterne à ses pieds.

J'étais assis à côté de Sandra Tournachère; dès que j'étais arrivé, elle m'avait dit, sur un ton de confidence: «Ne t'inquiète pas pour hier, personne n'a remarqué.» Sandra Tournachère est un cas à part. Je n'arrive pas à trouver d'autres mots pour la définir. Elle est un peu plus grande que tout le monde. Elle a de longs cheveux lisses coiffés en arrière, des yeux verts assez beaux et elle est toujours «impeccable» (comme dit ma grand-mère) : chaussures cirées, chemisier blanc repassé, manteau bien plié sur le dossier de sa chaise ; elle est plutôt bonne en classe, elle sourit beaucoup, elle a même un petit humour bien à elle, mais — car bien sûr, il y a un mais — personne ne peut la supporter. Si je me suis assis auprès d'elle, c'est que je suis arrivé en retard et qu'il y a toujours une place vide à côté de la sienne.

Moi-même, dès les premiers jours, j'avais eu une drôle d'impression en la voyant. C'est le genre de personne à avoir les mains moites, ou à renifler sans arrêt, à perdre ses cheveux, ou à sentir une drôle d'odeur. Je dis bien «le genre» car, en réalité, Sandra Tournachère n'a aucun de ces défauts. C'est une fille bien, sauf qu'il y a cette chose inexplicable autour d'elle, comme une aura, un champ magnétique, un voile.

On a passé l'heure d'anglais à décortiquer le

texte d'une chanson des Beatles. Verpuits, la prof d'anglais, est complètement démago. D'abord, elle ne supporte pas qu'on l'appelle Verpuits, ni Madame, encore moins Mademoiselle. Elle insiste pour qu'on l'appelle Licia (c'est le diminutif de Laetitia, qui signifie «joie» − c'est en tout cas ce qu'elle nous a dit le premier jour). Je ne suis pas une bête en anglais mais ce que je peux dire, c'est que Licia Verpuits est complètement *has been*. *Has been* et démago, un mélange qui tue. Pour nous plaire, elle nous fait étudier des textes de chansons, mais comme elle n'y connaît rien en rock, on se fade les Beatles, ou Simon et Garfunkel. En réalité, la plupart du temps, on ne se fade rien du tout: elle perd un bon quart d'heure à vérifier les branchements de la chaîne, que l'un de nous a soigneusement neutralisée avant d'entrer en cours, ensuite elle passe la chanson en hochant la tête comme un cocker sénile, et enfin elle met dix bonnes minutes à obtenir le silence en disant «*please*» deux cent cinquante fois, sans jamais s'énerver, avec des sourires de sainte et des petits mouvements de doigt agacés. Si on finit par se taire, ce n'est pas parce qu'on a peur de se faire virer, c'est parce qu'au bout d'un moment, l'ennui et la léthargie nous gagnent. Cette prof est comme une mauvaise émission de télé qui vous scotche au canapé par la magie funeste d'un son monocorde, d'une image sans mouvement et d'un sujet absurde.

Au début, j'ai eu pitié de Verpuits, mais au bout de trois cours, j'ai commencé à en avoir ras le bol de ses longs cheveux filasse qu'elle tripote sans arrêt et de sa fausse douceur. J'ai vu dans ses yeux qu'elle nous détestait. Vous me direz que je ne peux pas lui en vouloir. Nous sommes détestables. Sauf que ce que j'avais lu dans son regard, au dernier cours, ce n'était pas une colère légitime contre un groupe d'abrutis, c'était une haine et un mépris pour chaque individu, un éclat de supériorité et de mensonge. Ce samedi matin, j'avais encore moins que d'habitude envie de faire des efforts.

Je me suis mis à regarder les mains de Sandra, qui passait son temps à tripoter ses stylos en les faisant carillonner machinalement. Elle écrivait un mot, laissait retomber le bic noir, saisissait un feutre rouge, dessinait une petite bouche dans la marge, soulignait la date au crayon à papier. Au bout d'un quart d'heure, sa feuille de classeur était couverte de traits, de mots, de dessins et de gribouillis. Si j'avais été psychiatre, je n'aurais pas donné cher de sa santé mentale. Son visage, tourné vers la prof, demeurait totalement inexpressif, tandis que ses doigts, agités d'un imperceptible tremblement, ne cessaient de s'affairer, comme les pattes d'une araignée. J'ai essayé de déchiffrer ce qu'elle avait inscrit dans tous les sens, de bas en haut et en diagonale. Il y avait des fragments de phrases, des débuts d'explications données par Verpuits, qui se muaient lentement en petits poèmes à la fois tartes et touchants. «Si on écoute bien le deuxième vers on repère un présent duratif, «s» à la fin, sifflante, qui laisse les dire quand ils n'ont plus rien à faire que regarder le monde à travers les gouttes », « *Lives in a dream*, autrement dit vit par le rêve que ce mariage qui a eu lieu, lieu d'en rire ou d'en pleurer, qu'à cela ne tienne, je prendrai ta main, comme un signe abandonné sans fin sur la terre de plomb. »

— C'est quoi que tu écris ? ai-je demandé sans m'en rendre compte.

Sandra a rougi et elle a aussitôt tourné la page.

— Je suis dans la lune, m'a-t-elle répondu sans me regarder.

Ses mains étaient complètement immobiles à présent ; posées de chaque côté de la page vierge, désactivées.

— Tu as un journal intime ? m'a-t-elle demandé, les yeux toujours fixés sur la prof d'anglais.

Je n'ai rien répondu. Je trouvais que c'était une question indiscrète et en même temps ridicule. « Journal intime », c'était une expression de fille gnan-gnan. J'ai regretté aussitôt de lui avoir parlé.

— Moi, je déteste ça, a-t-elle dit au bout d'un moment. C'est nul. Mon père m'a dit que je devrais écrire mon journal. Il n'y a que des mensonges dans un journal intime. Un journal intime, c'est fait pour être lu, en fait. On le cache mal et on espère que quelqu'un le trouvera.

À l'intensité de sa voix, j'ai senti que, pour elle, cette histoire de journal intime était une question de vie ou de mort. J'étais gêné et légèrement dégoûté. J'avais honte de me sentir comme ça, mais je n'y pouvais rien. Ce voile autour de Sandra, qui faisait qu'on ne pouvait pas l'approcher, c'était en fait une absence de voile. Comment vous expliquer? En regardant autour de moi les autres élèves de la classe, je voyais bien que chacun était comme à l'abri sous une cloche de verre, à sa place, dans son rôle. Sandra était folle. On ne pouvait pas parler avec elle. De toute façon, on ne peut pas vraiment parler avec les filles. Tout ce qu'on dit devient tordu. Il n'y a pas de ligne droite. J'ai détourné la tête et j'ai essayé d'oublier qu'elle existait.

Au bout de quelques minutes, le carillon des stylos a repris et j'ai senti que cette petite musique n'allait plus me lâcher; j'ai essayé de me concentrer sur le bla-bla de Verpuits, mais c'était trop tard. La brèche qui s'était ouverte la veille était prête à se remplir de n'importe quoi.

Mon père était arrivé à huit heures vingt avec une amie, enfin, une collègue, enfin tu es grand maintenant je te présente Véra.

Je suis parti m'enfermer dans ma chambre. J'ai entendu des chuchotements, des pas dans le couloir, des bruits de manteaux et de lanières de sac. Au bout de cinq minutes, la porte d'entrée a claqué et mon père est arrivé dans ma chambre. Il s'est assis par terre, le dos contre le mur. J'étais allongé sur le lit, la tête dans l'oreiller et j'attendais le déluge, la pluie d'insultes et de récriminations, les répliques de sit-com. J'étais prêt à subir l'outrage, à me retrouver enfermé dans une scène pathétique de confrontation entre le père divorcé qui essaie de refaire sa vie et le fils indomptable qui l'en empêche par tous les moyens. S'il n'y avait pas tant de mauvais films et que je ne passais pas mon temps à regarder la télé, je craindrais peut-être moins de me faire piéger par les clichés, je pourrais vivre les choses sans ricaner intérieurement en pensant à Dustin Hoffman dans *Kramer contre Kramer* et autre soupe de sentiments.

J'attendais le déluge, mais rien n'est tombé. Mon père est resté silencieux, sans bouger. J'ai levé imperceptiblement la tête pour l'observer. Ses bras pendaient entre ses genoux repliés devant lui. Il regardait dans le vide, les sourcils froncés, les lèvres pincées, comme s'il avait été sur le point de me dire quelque chose mais qu'il n'avait pas pu. J'ai su que c'était terrible pour lui, que quelque chose entre nous s'était rompu, qu'il n'y aurait plus de phrases ano-dines, «Papa, tu viens regarder le match», «Louis, je te prierais de ne pas laisser les ser-

viettes de bain traîner en boule sur le carrelage».
Nous n'aurions que des discussions d'homme à
homme et il ne pourrait plus me serrer dans ses
bras sans avoir envie de pleurer. J'étais comme
le fragment d'un vase brisé auquel il tenait
encore, même si c'était lui qui l'avait balancé
par la fenêtre.

Il a fini par se lever. J'ai eu envie de me
lever aussi, comme son ombre et de lui prendre
la main. Mais mon corps était prisonnier du lit.
J'ai senti qu'il avait espéré une seconde un geste
de ma part.

Lorsqu'il est sorti de ma chambre, j'étais
étrangement apaisé. Je n'avais plus le choix, il
fallait que je le fasse souffrir, parce que je
l'aimais, pour qu'il ne soit pas le seul à être le
méchant de l'histoire.

J'ai déchiré la fiche verte de l'assurance scolaire et j'ai pensé que le temps des emmerde-
ments, des vrais, avait sonné.

— *Do you think that Eleanor Rigby is one of the
lonely people, Louis, please?*

La voix de Verpuits venait de très loin. Je l'ai regardée sans répondre.

— *Now, shall I repeat?*

J'ai fait non de la tête et j'ai réfléchi un instant.

— *Yes*, ai-je dit, l'air très convaincu.

— *And can you tell us, Louis, what is her job in the church?*

J'ai haussé les épaules. Sandra a levé la main et elle a répondu à ma place. Elle parlait anglais un peu comme Edson, sans détacher les mots. Ça coulait tout seul et ça lui donnait une autre voix, plus grave, plus douce.

Verpuits a eu l'air satisfait et a éteint la chaîne pour nous faire comprendre que, dans un élan de bonté rare, elle nous libérait deux minutes avant la sortie.

Sandra s'est mise à ranger ses crayons, très calmement, tandis que, tout autour d'elle, les sacs, les chaises, les blousons et les tables valsaient. J'ai eu envie de lui toucher les cheveux, de l'approcher, d'une manière ou d'une autre, pour comprendre ce qui ne tournait pas rond chez elle. J'ai donné un coup de pied dans sa chaise et j'ai fait semblant de n'avoir pas fait exprès. Elle a tourné la tête vers moi et m'a dit en souriant:

— C'est pas grave.

Je me suis forcé à ne pas lui sourire et j'ai foncé vers la salle de maths.

Mme Parisi n'était pas en forme. Elle avait des cernes sous les yeux et soupirait toutes les trois phrases. Ça sentait l'interro surprise à mille kilomètres.

Kevin, qui a une sorte de radar pour repérer ce genre d'instant critique, a demandé à sortir.

— M'dame, eh, m'dame, là y faut qu'je sorte parce que… faut qu'je sorte quoi.

— Sortez, Gélin, sortez. Vous ne viendrez pas vous plaindre quand vous aurez raté votre BEPC.

— Non, m'dame, promis, m'dame.

La classe était écroulée de rire et Mme Parisi a levé les yeux au ciel.

— Pourquoi vous enseigne-t-on les mathématiques ? a-t-elle dit d'une voix soudain beaucoup plus ferme.

Les rires se sont éteints et chacun a vissé son regard à sa table.

— Pourquoi ? c'est une question que je vous pose. Est-ce que quelqu'un veut bien répondre ? Babeth ?

— Ben, je sais pas, moi ; parce que c'est obligé.

Mme Parisi a penché la tête sur le côté, pas convaincue.

— Vernoux ?

Sébastien a haussé les épaules.

— Haddad ?

— Pour qu'on puisse faire des bonnes études après.

La prof a froncé les sourcils, comme si elle ne comprenait pas la réponse.

— Desruelles ?

J'aurais vraiment aimé dire quelque chose d'intelligent, quelque chose qui nous aurait tous sauvés, elle et nous, un truc optimiste.

— Vous ne voyez pas? a-t-elle dit au bout d'un long moment de silence. Les mathématiques sont une science préparatoire à la pensée. Elles structurent votre esprit. Elles constituent une approche du monde. Qui peut me dire le lien qui existe entre le monde et les mathématiques?

— C'est le zéro, s'est écrié Djamel. Les mathématiques, c'est zéro, le monde, c'est zéro. Zéro plus zéro.

Il a dit ça en riant et la moitié de la classe a ri avec lui. Mais Mme Parisi était toute verte.

Sandra m'a fait passer un petit mot:

«Je crois qu'elle fait une dépression nerveuse.»

J'ai regardé vers la droite, tout au bout du rang, là où Sandra s'était assise, à côté d'une place vide. Ses grands yeux verts ont ajouté en muet: «Et je sais de quoi je parle.»

Je me suis dit que j'étais en train de me faire une amie sans le vouloir et ça m'a affolé. Je n'avais pas envie qu'elle se mette à avoir confiance en moi. Edson dit qu'on ne peut pas être ami avec une fille. Soit amoureux, soit rien du tout, «et je ne suis pas macho», ajoute-t-il toujours, juste après. Macho, il l'est un peu, mais j'ai soudain senti qu'il avait raison. Soit amoureux, soit rien du tout. Je n'étais déjà plus rien du tout. Caramba. Pourquoi fallait-il que je tombe amoureux d'une fille dégoûtante et à moitié dérangée? J'ai fermé les yeux et j'ai regardé son visage dans ma tête. «Je serai ton prince maudit», ai-je murmuré mentalement, en essayant d'y croire de toutes mes forces. J'ai rouvert les yeux et elle me regardait toujours. Un sourire de Joconde à la bouche. J'ai toujours trouvé que la Joconde avait l'air dérangé.

Il y a des moments où on a l'impression que la vie peut s'arrêter. Une prof qui reste debout sur l'estrade sans rien dire avec des élèves médusés en face qui se demandent s'il faut appeler le SAMU, ça ne ressemble à rien. On ne voit pas comment s'en sortir.

Parisi a eu pitié de nous. Elle a ouvert le livre de maths, s'est assise à son bureau et, avec un petit rire nerveux, nous a dit:

– Bon, trêve de plaisanteries. Ouvrez vos livres à la page 15. Exercices 2, 3 et 7. Je vous laisse dix minutes et je passe dans les rangs.

On était tellement soulagés qu'elle ne grille pas une durite en direct qu'on a bien gentiment ouvert nos livres et qu'on s'est mis à réfléchir à la résolution d'une dizaine d'équations.

J'aime bien les opérations, j'ai toujours aimé ça. Il y a quelque chose de vraiment grisant à marier les chiffres entre eux. En fait je passe ma vie à faire des additions et des soustractions. Combien de minutes reste-t-il jusqu'à la fin du cours? Est-ce que vendredi en quinze sera un jour impair? Si je me mets derrière trois personnes qui ont chacune cinq articles, arriverai-je plus vite à la caisse que si j'emprunte la file d'à côté (deux personnes à sept et huit articles)? Je

minute les moindres de mes trajets et j'en pro-
fite souvent pour prendre mon pouls avant et
après l'effort, je compte les marches d'escalier et
les bandes blanches de la chaussée. Tout ça ne
me rend pas meilleur en maths, vu que dès le
CM1, les maths cessent d'avoir quoi que ce soit
en commun avec le calcul; ça me permet simplement d'évaluer la vie, de contrôler le temps.
Par exemple, je savais qu'étant placé au milieu
du deuxième rang, j'avais peu de chances que
Parisi vienne vérifier l'avancée de mes travaux
avant la fin du cours; elle commençait toujours
par l'arrière et passait environ deux minutes et
demie avec chaque élève, or il y en avait dix-
huit entre Fabien Pozzalani, qu'elle était en
train de corriger, et moi, il lui faudrait donc
cinquante-quatre minutes pour arriver jusqu'à
ma place. Je pouvais tout de suite arrêter de travailler.

C'est au moment où j'étirais langoureuse-
ment mes jambes sous la table en me léchant les
babines à l'idée de faire une dizaine de calculs

inutiles (nombre de rayures sur les manches de la chemise de Karim Abdelrouaz, fréquence des clignements d'yeux chez Sonia Leverdec, proportion d'élastiques verts, par rapport aux élastiques rouges, aux bouts des vingt-sept petites tresses qui hérissaient la tête d'Aminata Enzoughebi) que Laduré-Wétanski – la surveillante générale des quatrièmes/troisièmes – a fait irruption dans la classe.

– Ne vous levez pas, a-t-elle dit alors que personne n'avait l'intention de bouger. Mme Parisi, j'en ai pour une minute.

Mme Parisi lui a souri machinalement et nous a fait signe de l'écouter.

– Les dossiers de certains d'entre vous ne sont pas complets. J'en ai vraiment par-dessus la tête de courir d'une classe à l'autre pour réclamer. Si vous croyez que je n'ai que ça à faire ! Drénot, Gensac, Gerdahoui, Juliot, Martin, Lequercy, N'guyen, vous êtes priés d'apporter pour lundi vos photos d'identité. Aristide, Benchimol, Desruelles, Haddad,

Henriquet, j'attends toujours vos attestations d'assurance scolaire. Je vous préviens que si elles ne me sont pas parvenues avant la fin de la semaine prochaine, je me verrai dans l'obligation de vous exclure de la cantine. Désolée, ce n'est pas moi qui fais les lois !

Après un claquement de langue énergique et un petit sourire adressé à notre professeur, elle est sortie de la salle à reculons, sans oublier de faire peser sur nous un de ses regards culpabilisateurs, chargés de menaces aussi diverses que vagues.

Exclu de la cantine. *So what ?* Je pourrais toujours manger un sandwich ou ne pas manger du tout. Étrangement, la perspective d'une anorexie partielle ne me déplaisait pas. La faim aurait au moins le mérite de m'occuper, et pour le nouveau rôle que j'avais à tenir (bourreau de mon salaud de père) quelques kilos en moins pourraient s'avérer d'une grande utilité. La vie était donc assez belle, et Sandra Tournachère pas mal non plus, en y réfléchissant.

Je passe le week-end devant la télé. Avant, du temps d'Edson, je ne connaissais pas le quart de la moitié d'une grille de programmes. Edson et moi n'avions pas besoin de ça. Nous passions des heures à marcher dans les rues, à explorer les passages, les arrière-cours, à dénicher des terrains de sport désertés pour y installer des buts de fortune, à traîner en fait, avec la conscience pleine à ras bord des devoirs à rendre et des listes de vocabulaire à ingurgiter. Traîner comme on fuit, poursuivis sans cesse par le travail et l'intolérable angoisse du retard. Si nous avions de l'argent, nous allions au cinéma; si nous n'en avions pas, nous y allions quand même en entrant par-derrière, ou bien nous organisions des tournois géants de Face contre terre à même le gravier des squares.

Depuis qu'il est parti, je me cale de neuf heures à midi sur le canapé du salon et je regarde les trente chaînes alternativement, jamais plus de cinq minutes par canal. Quand la bouillie mentale devient trop épaisse, c'est justement l'heure de manger. Mon père sort de sa chambre et attend que je lui donne des ordres ; aujourd'hui resto, aujourd'hui sandwich, aujourd'hui nouilles au beurre. Je le torture.

Ce samedi-là, toutes les chaînes s'étaient donné le mot pour me déprimer : émission allemande sur les crocodiles, épisode mille fois vu d'une série débile, dessins animés pour filles, télé-achat vantant les mérites d'une pilule du bonheur pour vieux – un résumé de la vie moderne à vous donner envie de grimper presto dans la première machine à remonter le temps. Histoire de redonner un sens à mon existence, j'ai inventé un petit jeu : zapper le plus vite possible en essayant de tomber sur le maximum de pubs. Pas folichon ce jeu, c'est vrai, mais il avait au moins le mérite de m'occuper les mains. De plus, il me permettait de me livrer à mon passe-temps favori, la statistique : nombre de pubs pour lessives, pour la banque, pour rien (genre pour les pommes, complètement débile), pour les voitures, etc. À un moment, je suis tombé sur une image familière qui a paralysé pour un temps mon index zappant. Gros plan d'un visage, face caméra. C'était le sosie de Kevin, à ceci près qu'il portait une casquette retournée sur la tête – fantaisie vestimentaire que mon camarade de classe avait abandonnée depuis six mois. La télé est toujours légèrement en retard sur la vie ; elle est aussi beaucoup plus uniforme. Si l'on en croit l'écran, il ne reste plus que deux genres de jeunes sur terre : les BCBG avec cols blancs et cheveux bien coiffés derrière les oreilles et les voyous-rappeurs-hip-hop-funk-garage, mini-poubelles humaines unifiant à elles seules une série de tendances fugitives. Le sosie de Kevin me regardait, trépané par sa casquette et, soudain, il se mettait à dégringoler dans l'escalier – deux jambes dans le plâtre – paf, il me regardait encore, et shplang, il se faisait rentrer dedans par une horde de types comme lui lancé au triple galop – nez en sang, bandage autour de la tête, de nouveau son regard, et zip une lame de ciseaux brandie par une fille maladroite lui estafilait la joue – points de suture et Mercurochrome. Du fond de son lit d'hôpital que la caméra découvrait en reculant, il disait avec un pauvre sourire: «La vie à l'école, c'est pas du gâteau. Cette année, moi, j'assure!» Suivait, en lettres blanches sur fond vert, le nom d'une compagnie d'assurance scolaire. J'ai reconnu le logo qui ornait jadis la fiche verte déchirée en mille morceaux par mes soins. Deux gouttes de sueur ont glissé le long de mes côtes.

Cette année, moi, j'assure. Pauvre tache. Deux nouvelles gouttes de sueur se détachèrent de mes aisselles. Pub pour le café, pub pour les yaourts, pub pour les vous-voyez-ce-que-je-veux-dire-je-n'aimerais-pas-être-à-la-place-de-l'actrice. J'étais pétrifié, l'estomac à l'envers, le doigt tremblant au-dessus de la touche marche / arrêt. «La vie à l'école c'est pas du gâteau». Est-ce que ça devenait du gâteau lorsqu'on payait les cent vingt francs? Que se passait-il si on les payait pas? Visiblement je n'allais pas m'en sortir avec une simple exclusion de la cantine. Je me suis vu aussitôt les deux jambes brisées dans la cour du collège, hurlant à la mort et appelant au secours. Laduré-Wétanski cherchait la fiche verte dans mon dossier.

— Desruelles, me disait-elle en se penchant sur moi, où est votre attestation? Il est hors de question que je prenne en charge les frais d'hospitalisation. Vous êtes prié de rentrer chez vous en rampant sur les coudes.

Au cours d'arts plastiques je m'entaillais par mégarde le poignet en coupant mon Canson au cutter. Le sang s'écoulait pendant que Laduré-Wétanski téléphonait à mes parents pour leur expliquer qu'ils avaient oublié de payer l'assurance. Cinq litres, c'était rapide. Trois bouteilles de Coca se renversant l'une après l'autre et ce serait la fin de mes jours. Je me suis repassé les images de *Menace II Society*; les cadavres s'abattaient mollement sur le sol comme des feuilles décrochées par le vent. J'avais mal partout. La vie, ce n'est souvent qu'une question de temps.

— Cinq minutes de plus et c'était la fin, avait dit fièrement le chef des pompiers à mes parents, après avoir tiré de l'eau le corps inanimé d'Edson.

On faisait du kayak sur la Durance. C'était les beaux jours, les vacances en famille, les coups de soleil et les pique-niques à tire-larigot. Edson était parti plus tôt. Il avait sauté dans son canoë et nous avait fait un signe de la main. Ma mère, en réunissant les affaires éparpillées au cours de la pause déjeuner, était tombée sur son gilet de sauvetage. Elle était devenue toute verte et j'avais lu la catastrophe dans son regard. Ses yeux, comme deux minuscules téléviseurs, racontaient le naufrage d'Edson. La rivière tournait à angle droit derrière un bosquet, on n'avait rien vu. Pris dans la panique, je n'avais pas eu le temps de comprendre. On avait couru, escaladé une butée au-dessus de la rivière, ma mère m'avait serré contre son ventre (j'étais petit à cette époque). Ses mains s'étaient crispées sur mes épaules. Par-dessus le collier de ses bras, j'avais aperçu en contrebas le canoë retourné, comme un œil orange ouvert dans les tourbillons d'eau noire. Mon père s'était soudain volatilisé. L'hélicoptère était arrivé. Ses pales avaient ébouriffé mes cheveux. J'avais répété mille fois le mot Dieu. Le corps d'Edson était échoué sur un rocher. «Un miracle», avait dit le chef d'escadron. «Combien j'ai de doigts? Comment tu t'appelles?» – «Edson, mon chéri, Edson, est-ce que tu m'entends, c'est maman.» Ses lèvres bleues avaient vomi des litres, il avait toussé et un cri étouffé s'était échappé de sa gorge, comme un couinement de nouveau-né. Guéri de ma peur, dès qu'Edson avait ouvert un œil, je l'avais maudit d'avoir gâché nos vacances.

   – Tu as l'air complètement abruti, a dit

mon père en éteignant le poste. Tu n'as rien de mieux à faire que de passer la journée avachi à regarder ces imbécillités?

Je n'ai pas répondu.

– Louis, je te prie de me regarder en face quand je te parle.

Je l'ai regardé en face, et j'ai senti qu'il regrettait de me l'avoir ordonné. Mon père a l'air très jeune. Il est grand, tout maigre, avec des yeux noirs et des cheveux courts en bataille. Avant de devenir dentiste, il était volleyeur, comme Edson. Ses longues mains agiles racontent ces années-là; le temps où il était comme moi, comme mon frère, un jeune abruti qui faisait ce qui lui plaisait. Nous sommes nés trop tôt pour qu'il continue à se la couler douce. Il a oublié de vieillir. Nous l'avons cloué dans le temps.

Nous nous sommes regardés, séparés par un miroir imaginaire, reflet inexact l'un de l'autre. J'ai eu envie de lui ressembler, et j'ai eu envie de l'oublier. Moi, je ferais vraiment ce qui me plairait. Je n'arrêterais pas tout pour bâcler des

Collégien en classe de quatrième, sérieux, bon élève,
propose soutien scolaire du CP au CM2.
Toutes disciplines. 60 F de l'heure.
Disponible tous les après-midi de 17h à 19h30.
Téléphoner au : 01 48 05 18 29.

Je suis allé voir mon père, qui lisait dans sa chambre, pour le prévenir que j'allais faire un tour.

— Tu veux que je rapporte du pain ?

Il m'a tendu une pièce de cinq francs.

— Ne t'inquiète pas, ai-je dit, je te rapporte la monnaie.

— Pour quatre-vingts centimes, faut pas exagérer.

— J'y tiens, ai-je dit d'un ton ferme.

J'ai vu que je lui faisais de la peine, mais j'ai tenu bon. Ça faisait partie de notre nouvel arrangement : plus je le faisais souffrir, moins il souffrait en réalité. J'ai eu pitié de lui un instant. J'ai failli lui conseiller de prendre une feuille de papier pour mettre la liste de ses problèmes à plat, en inscrivant toutes les solutions qui lui venaient à l'esprit. Mais il avait sûrement déjà essayé. Mon père n'est pas un imbécile, quoi qu'en dise son ex-femme.

J'ai pris le bus jusqu'à chez ma mère. Ça n'aurait servi à rien de coller l'annonce dans une boutique près de chez mon père puisque je cherchais un boulot à côté du lycée.

— Bonjour, madame, ai-je dit en entrant dans la boulangerie qui brillait, toute dorée, dans la nuit.

— Bonjour mon grand, a répondu la boulangère, qui commençait à me connaître.

— Je voudrais une baguette pas trop cuite, s'il vous plaît.

Après avoir payé, je lui ai demandé si je pouvais coller une petite annonce sur son panneau d'affichage. J'étais vraiment génial d'avoir pensé à lui prendre du pain ; elle ne pouvait pas refuser ça à un client. Tandis qu'elle me demandait ce que je cherchais comme travail et qu'elle m'assurait qu'elle allait me recommander à ses clientes, une fille avec des baskets rouges est entrée dans la boutique. Je n'ai d'abord vu que ses chaussures, car au moment où elle a passé la porte, j'étais en train de fouiller dans ma poche à la recherche de mon annonce et du rouleau de scotch. Au-dessus des Converse vermillon, il y avait un jean, un caban de marin bleu marine et, tout en haut, soudain face à moi, un visage triangulaire à la peau mate, aux yeux noirs en amande, surmonté d'un chignon, posé sur son crâne comme le chou d'une religieuse au chocolat. La fille me regardait, sans ciller. J'avais l'impression de l'avoir déjà vue quelque part, mais je ne l'aurais pas juré. Je me suis détourné vite fait, pour échapper à la gêne et, surtout, pour ne pas éclater de rire, car je m'étais tout à coup souvenu où j'avais vu son visage pour la première fois. C'était le portrait craché de Pocahontas, le belle Indienne synthétique de Walt Disney. Elle a demandé un pain complet d'une voix grave et hésitante qui m'a fait légèrement frissonner. J'ai collé mon annonce en me convainquant que je n'avais pas de temps à perdre avec un roman d'amour. Mon nouveau Moi, confiant et calme, déterminé et sûr de lui, m'y a aidé. Adieu Pocahontas, j'ai l'Amérique à découvrir ; *good bye Baby, I am a business man, and time is money.*

Vous avez peut-être déjà remarqué qu'aux périodes de grande excitation succèdent souvent de longs moments de léthargie, d'ennui, de vague à l'âme. C'est un peu comme si on était déçu que le monde ne résonne pas en accord parfait avec notre enthousiasme. On est tendu comme un arc, et la moindre vibration négative se répercute d'un bout à l'autre de notre corde sensible. Le dimanche a été exactement le genre de journée qu'on aimerait rayer du calendrier, une douzaine d'heures qui vous feraient presque regretter de ne pas être une bactérie. J'ai appelé cinq fois ma mère, persuadé que les clientes de la boulangerie s'arrachaient mon numéro de téléphone. Il n'y avait pas eu le moindre appel pour moi et mes parents commençaient à en avoir marre que j'occupe leurs lignes respectives pour rien. Le temps était à l'orage et, à voir les gens emmitouflés qui trottinaient frileusement sur le trottoir, je me suis même demandé si l'hiver n'était pas en train de s'installer sans passer par la case automne.

Dès lundi, au collège, le rythme barbare des heures de cours et des devoirs à rendre s'est mis en place irrémédiablement. C'en était fini des listes de fournitures et du rodage de début d'année. Comme un peloton de cyclistes, sillonnant les routes de la scolarité, nous avions tous la tête dans le guidon. Au bout de deux heures de maths, j'avais des crampes au poignet, après une heure de grammaire je ne savais plus faire la différence entre un groupe nominal sujet et une proposition complétive. Les journées ressemblaient à des boulettes de papier, bien serrées, froissées, sans consistance. En dévalant l'escalier pour ne pas arriver en retard au cours de sciences nat, j'ai glissé sur la dernière marche et j'ai failli me fouler la cheville. La douleur et les sueurs froides ont réveillé mes cauchemars de décès par manque d'assurance. Il fallait vraiment que je fasse attention à moi. Je n'étais pas protégé. J'étais à la merci du moindre accident, la victime idéale pour un destin absurde. N'ayant pas perdu toute la détermination de mon nouveau Moi, j'ai décidé de faire extrêmement gaffe. En attendant de mettre la main sur les cent vingt francs de l'assurance, j'avais intérêt à assurer. Prise de risque minimum, longer les murs, se tenir à la rampe, mesurer chaque geste. À l'interclasse, ça se corsait davantage.

— Putain, merde, fais une tête, Louis! Qu'est-ce que tu fous?

Peur de m'ouvrir le crâne. Vision du sosie de Kevin enfermé dans le petit écran avec son bandage sur la tête. Occasion de but manquée.

— Pourquoi tu l'as laissé prendre la balle? Tu joues contre ton camp, ou quoi?

J'avais dribblé sur cinq mètres et, sentant le tacle venir par l'arrière, j'avais laissé Sébastien me piquer le ballon. Je risquais une fracture du tibia et, même si on n'en meurt pas, je craignais qu'on me laisse pourrir sur le terrain en attendant de régler les problèmes d'assurance.

J'ai fini par me mettre goal, à l'abri dans ma cage imaginaire. Je pensais que c'était un poste moins risqué que les autres, mais quand j'ai vu Fabien armer son penalty, je me suis jeté à terre. Le ballon a fusé au-dessus de mes omoplates. À en juger par le vent qu'il déplaçait, je me suis dit que j'avais fait le bon choix ; un tir comme ça arrêté à bout de bras, c'était un coup à se briser les côtes ou le poignet.

Aux images du sosie de Kevin se sont superposées celle des athlètes blessés aux jeux Olympiques : claquage, rupture des ligaments, double entorse, ménisque en bouillie. J'avais intérêt à arrêter le sport.

Histoire de faire passer la pilule, j'ai déclaré que je voulais être arbitre. Kevin et Djamel se sont foutus de moi, mais j'ai tenu bon.

— On est des pros, ou on n'est pas des pros ? leur ai-je demandé. Vous avez déjà vu un match international sans arbitre ?

Mon argument était imparable. Ils ont accepté. Quand on jouait à la sauvage, les règlements de comptes se faisaient sur la touche entre les deux joueurs concernés. La plupart du temps, ça dégénérait en bagarre, interrompue *in extremis* par la sonnerie. C'était un système qui avait ses inconvénients (yeux au beurre noir, saignements de nez... etc.) mais qui avait aussi ses avantages : pendant que le litige se réglait à coups de poing, le match pouvait continuer.

Avec un arbitre, c'était différent. La décision reposait entièrement sur ses frêles épaules, et donc, en l'occurrence, sur les frêles miennes. J'ai compris le calvaire de Joël Quiniou, et même celui de M. Foote, l'arbitre du match Bulgarie / France 1977 qui s'était fait traiter en direct de salaud par le commentateur télé. Dès que j'arrêtais la partie, ou que je sifflais un coup franc, une délégation de l'équipe lésée venait me trouver, tous poings dehors, regard blanc de circonstance, prête à me mettre en pièces. J'ai

dû abandonner ma charge après sept minutes
d'angoisse insoutenable.

– Alors, l'intello, t'as pas trop peur d'abîmer
tes jolis petits doigts de fille ? m'a glissé Djamel,
pendant le contrôle de maths. Tu sais que si tu
serres ton stylo trop fort, tu risques de te faire de
vilaines ampoules, mon canard en sucre ?

En deux jours, j'étais catalogué. Terminée
ma carrière de footballeur. Finie ma gloire de
dribbleur. À la poubelle mon orgueil d'avant-
centre. Mes partenaires n'avaient pas cherché à
savoir ce qui me prenait, ils m'avaient vanné
jusqu'à plus soif et, lorsqu'ils avaient enfin
épuisé leurs sarcasmes, ils avaient décidé de
faire tout simplement comme si je n'existais
pas. Dès que la cloche sonnait, ils se levaient en
grappe sans me regarder et se précipitaient vers
la cour. À l'heure du plein air, quand venait le
moment pour les capitaines de constituer leur
équipe de hand ou de basket, je restais en dernier, avec Julien Parisi, le type qui tremblait
tout le temps. Absorbé par la contemplation de

mes chaussures de sport, je me répétais que l'heure de la vengeance finirait par sonner ; dès que j'aurai mis la main sur les cent vingt francs, je leur montrerai ; je n'aurai plus rien à perdre, je deviendrai le cascadeur du collège, la terreur des couloirs.

En attendant, je n'avais reçu aucun appel concernant mon annonce. Tous les soirs, j'insistais pour aller chercher le pain moi-même.

— Ne t'inquiète pas, mon grand, ça prend du temps, disait la boulangère pour me rassurer. Tenez, madame Nadeau, vous n'auriez pas besoin d'un petit gars pour les devoirs d'Anne-Charlotte ? Louis est vraiment un bon garçon.

Mme Nadeau éclatait d'un rire forcé, qui découvrit ses dents barbouillées de rouge à lèvres.

— Anne-Charlotte est première de sa classe, madame Pétillon. Non, merci bien, vraiment.

Encore raté. Je me suis consolé en me disant que je n'avais pas tout perdu. J'avais appris que la boulangère s'appelait Mme Pétillon, détail inutile mais pas dénué de charme.

— Ton frère a appelé, m'a annoncé ma mère, alors que je lui tendais la baguette pas trop cuite.

— Qu'est-ce qu'il a dit?

— Il va rentrer pour la Toussaint, a-t-elle dit d'une voix sinistre.

— Ben, dis donc, je vois que ça te fait plaisir.

— Oh, je t'en prie, Louis. J'en ai par-dessus la tête de tes réflexions.

— Je disais ça comme ça. En même temps, c'est vrai que ça ne fait que trois mois qu'on ne l'a pas vu, et puis une bouche de plus à nourrir, par les temps qui courent…

Ma mère m'a jeté en pleine figure le torchon avec lequel elle essuyait un plat à tarte. Le moule est tombé dans un grand bruit de ferraille. Elle s'est assise sur une chaise et s'est mise à pleurer.

— J'en ai marre, a-t-elle fait d'une voix dis-
tordue par les pleurs. J'en ai marre de tout, de
toi, de ton père, d'Edson. J'en ai marre des
hommes. Pourquoi il n'y a pas une seule fille
dans cette famille? Vous êtes tous tellement
durs.

— Il y a Mémé Arlette, ai-je dit à mi-voix.

— Merci du cadeau, a répondu ma mère
avec une espèce de sourire tordu.

Mémé Arlette est la mère adoptive de mon
père. Elle a quatre-vingt-trois ans et ne s'intéresse qu'aux hommes politiques. «Pour qui tu
vas voter, toi?» me demandait-elle, à chaque
fois que j'allais la voir.

— Je sais pas, Mémé, et toi?

— Ah, j'hésite, j'hésite. Ils sont tous bien.
C'est ça le problème.

— Mémé, interrompait ma mère. Je vous
signale qu'il n'y a pas d'élections avant cinq ans.
Vous ne pouvez même pas espérer une législa-
tive avant deux ans.

Mémé ne se laissait pas démonter.

— Il vaut mieux être prêt, ma petite Marguerite. Et moi, j'hésite, j'hésite.

Ma mère n'aimait pas trop Mémé Arlette, sans doute parce que Mémé Arlette l'appelait «ma petite Marguerite».

— Margarita, c'est pas compliqué quand même, disait ma mère à chaque fois qu'elle sortait de chez sa belle-mère. Elle est raciste ou quoi?

— Ou quoi, répondait mon père en riant.

Maintenant, de toute façon, on n'y va plus.

Je me suis assis. J'ai plié le torchon et j'ai attendu que ça vienne. Avec ma mère, ça ne met jamais longtemps, elle adore parler.

— J'avais décidé de ne pas te mêler à ça, mais je n'en peux plus. J'ai reçu un mot de la surveillante générale.

Mon cœur s'est arrêté de battre.

— Figure-toi que ton père n'a pas payé l'assurance. Non, mais tu te rends compte? Quel salopard! Il est hors de question que je parle de nos problèmes à Laduré-Machin-

Chouette. Je ne sais même pas ce que je vais lui raconter.

J'ai eu envie de vomir, mais j'étais paralysé.

— Et par là-dessus ton frère qui m'appelle pour me dire qu'il rentrera à la Toussaint plutôt qu'à Noël, parce qu'il a décidé d'aller passer le jour de l'an à Moscou…

Elle s'est remise à pleurer, moi à respirer, et j'ai réfléchi très vite. Je n'avais pas quarante-trois solutions. Ou je lui disais la vérité, ou j'inventais quelque chose. Même dans ma nouvelle politique de torture filiale, je ne pouvais pas me permettre de rejeter ça sur le dos de mon père. Je ne voulais pas que mes parents se mettent à se détester ; c'était déjà assez dur de supporter qu'ils ne s'aiment plus.

— J'ai complètement oublié ! ai-je crié soudain.

Ma mère a levé la tête, légèrement ahurie.

J'ai ri, aussi faussement que le faux public dans les séries télé.

— C'est bête. Enfin, heureusement que tu

m'en parles, sinon, HAHAHA! Il m'a confié le chèque et j'ai complètement oublié de le donner.

Ma mère ne savait plus si elle devait rire ou pleurer.

– Tu te rends compte? Non, mais tu te rends compte?

J'ai hoché la tête, j'ai levé les yeux au ciel, j'ai haussé les épaules, je suis passé par toutes les expressions possibles et imaginables.

– Donne-moi le chèque, je vais le poster tout de suite.

Peut-on mourir d'un infarctus à treize ans? Voilà la question que je me suis posée en entendant ces mots. Si ça vous intéresse, la réponse est non (dans mon cas du moins).

– Y a la grève des postes, ai-je dit très vite. Et en plus, si je l'apporte demain matin, ça ira plus vite et...

Ma mère me regardait d'un air incrédule.

La porte a sonné juste à cet instant, et je me suis juré de vénérer jusqu'à la fin de mes jours la personne qui se trouvait derrière.

— Bonsoir Louis, ta mère est là?

J'avais bondi pour aller ouvrir et je me suis retrouvé nez à nez avec Zaccharie Piropolidès, notre voisin du dessus. Ce type ne m'inspirait pas confiance. Il était psychanalyste et ça se voyait. Il parlait toujours d'une voix douce et vous regardait intensément avec l'air de dire oui, je comprends, oui.

— Je vais voir, ai-je répondu en le laissant sur le palier.

— Maman, c'est le voisin du dessus.

— Ah, Zac? a-t-elle dit d'une voix molle.

Elle s'est levée, a vérifié son reflet dans la vitre de la cuisine et s'est dirigée vers la porte. On ne vénère pas toujours qui on veut, me suis-je dit en allant m'enfermer dans ma chambre.

L'heure du dîner était déjà passée depuis un moment lorsque ma mère est venue me voir.

— Tiens, j'ai fait une lettre pour Laduré-Bidule-Truc. Tu lui donneras demain, avec le chèque.

Ma mère s'est penchée vers moi et m'a embrassé sur le front en me donnant l'enveloppe. Elle était calme. Les yeux brillants, les joues chaudes. Je l'ai haïe, je l'ai trouvée dégoûtante, j'ai maudit «Ah, Zac?». J'ai décidé d'écrire un livre contre les parents amoureux et, en même temps, je me suis dit qu'elle était plus facile à vivre quand elle était moins déprimée et j'ai remercié «Ah, Zac?» d'avoir contribué à l'adoucisssement de nos mœurs. Ces derniers temps, je n'arrêtais pas de faire des allers-retours; mon cerveau était une route à double sens et à deux cents voies, les idées et les sentiments ne cessaient de s'y croiser à grande vitesse et je commençais à craindre le carambolage en série.

Le lendemain matin, j'ai déchiré la lettre de ma mère et je l'ai émiettée le long du chemin qui menait au collège. J'ai aussitôt pensé au Petit Poucet, parsemant la forêt de cailloux blancs. Quel imbécile ce Petit Poucet. Moi, si mes parents décidaient de m'abandonner, je n'y réfléchirais pas à deux fois, je partirais illico pour m'installer chez l'ogre.

Quand j'ai voulu m'asseoir à côté de Kevin, il a posé son sac sur la table et m'a dit qu'il gardait la place pour Djamel. Je savais que ce n'était pas vrai, mais j'ai accepté mon nouveau destin de tête de Turc en silence. Il y avait une place près de Sandra Tournachère et je l'ai prise sans hésiter. Entre parias, on avait des chances de se comprendre. Mme Parisi était assez en forme ce matin-là. Elle rendait les contrôles et je la soupçonnais de préférer cette activité à toute autre. Elle lisait dans nos regards la crainte, la fierté, le désespoir; petit théâtre irrésistible.

– Les notes s'échelonnent de 1 à 14.

Frémissement dans la salle.

– Nous allons, si vous le voulez bien, commencer par le corrigé.

Grognements à l'unisson. Quelle sadique cette Parisi. C'était sa méthode, ça, nous laisser mariner pendant une heure, dans l'angoisse de savoir si notre moyenne allait remonter ou s'écrouler irrémédiablement.

– Haddad, s'il vous plaît, au tableau. Exercice numéro un.

Walter s'est levé en bougonnant. Ça aussi, c'était la méthode Parisi : faire faire le corrigé par les élèves. Comme si on n'avait pas assez souffert sur les exercices pendant le contrôle. La plupart du temps, elle faisait monter sur l'estrade ceux qui s'étaient le plus méchamment plantés ; pour eux, l'angoisse s'envolait, remplacée par le désespoir.

Tandis que Walter peinait sur la résolution d'une équation à deux inconnues, je me suis laissé bercer par le carillon magique des stylos de Sandra. Je savais que j'aurais droit le lendemain à une petite convocation chez Laduré-Wétanski, concernant l'assurance et il fallait que je prépare une histoire béton, quelque chose qui lui coupe le sifflet, qui lui interdise d'appeler ma mère, de lui écrire à nouveau. Il fallait à tout prix qu'elle m'accorde un délai supplé-

mentaire d'une semaine; avec un peu de chance, quelqu'un répondrait à mon annonce et cette affaire serait enfin réglée. J'ai passé en revue tous les bons et les mauvais prétextes: «Madame Laduré-Wétanski, ma mère n'a pas pu vous renvoyer l'attestation parce qu'elle est morte.» Super nullo, désagréable. C'était le genre d'excuse qu'on croyait imparable en CE2, à un âge où l'on ne voyait pas plus loin que le bout de son nez. «Madame la surveillante générale, ma mère n'a pas renvoyé l'attestation parce qu'elle est au chômage et qu'elle n'a plus d'argent pour payer l'assurance.» Pas si mal, sauf que Laduré-Wétanski nous mettrait l'assistante sociale sur le dos. «Madame, ma mère n'a pas renvoyé l'attestation parce qu'elle l'a perdue.» Simple, pas trop mal, délai d'une semaine accordé. Un sourire rêveur se dessinait sur mes lèvres quand, tout à coup, une salve de toux m'a sorti de mes réflexions.

Samantha Léolo, «cas-social-grosse-blessure-dans-l'enfance», avait remplacé Walter Haddad au tableau. Ses énormes seins ballottaient comme des boules de flipper coincées derrière les bumpers. Elle était écarlate, avait lâché son morceau de craie, se tenait les joues dans les mains, pleurait comme un crocodile, rougissait à vue d'œil et toussait, toussait, toussait à en perdre le souffle. Mme Parisi s'est levée pour lui taper dans le dos, mais rien n'y faisait, elle ne se calmait pas. Samantha est tombée à genoux, pliée en deux sur l'estrade, et des cris de douleur se sont joints au concerto pour coqueluche et tuberculose. La prof de maths a fait signe à Sandra, qui s'est aussitôt levée, comme un brave petit soldat. C'était toujours elle qui emmenait les gens à l'infirmerie. On pouvait lui faire confiance ; avec Sandra, il n'y avait pas de risque de dérapage. Les comédiens de la syncope n'en profitaient pas pour se payer une partie de slalom dans les couloirs déserts. Les profs savaient que personne n'aimait Sandra Tournachère ; ils l'avaient tout de suite senti et

c'était merveilleux pour eux de pouvoir compter sur cette haine constante qui poliçait admi-
rablement les déplacements dans le collège.

Sandra a gentiment pris Samantha par
l'épaule et l'a menée jusqu'à la porte de la salle.
Mme Parisi avait l'air sonné.

— Eh bien, on dirait que certaines personnes
réagissent plus violemment que d'autres à
l'échec scolaire.

J'ai pensé à Samantha. Cas social, ça voulait
dire : chômage, alcoolisme, coups et blessures,
insalubrité, suicide. Grosse blessure dans
l'enfance, ça voulait dire...

— Desruelles, au tableau.

Merde. J'avais raté mon contrôle.

Je m'étais planté dans mon identité remarquable. Suant sang et eau devant le tableau,
j'essayais de la reconstituer. 2ab, ça j'en étais
sûr, mais le reste m'échappait. J'avais du mal à
me concentrer : + ou − ? Identité remarquable.
Tu parles d'une identité. Nous avions tous des
identités remarquables. Sandra et son voile de

cendre, Samantha et sa grosse blessure, Julien et ses tremblements, Djamel et son humour débile, moi et mon arithmétique tordue.

Lorsque je suis retourné à ma place, humilié dans les règles par Parisi, Sandra était là. J'ai regardé au fond de la salle pour voir si Samantha était revenue d'entre les morts, mais sa chaise était vide.

— Qu'est-ce qu'elle a eu?

— L'infirmière a dit que c'était probablement une allergie à la poussière de craie, a chuchoté Sandra.

— Une allergie à la poussière de craie? C'est débile.

— Peut-être, mais il paraît que c'est le troisième cas en dix ans.

Certaines personnes n'étaient vraiment pas gâtées par la vie. Comme si ça ne suffisait pas d'avoir été blessé dans l'enfance.

— C'est grave?

— Non, je crois pas. Et de toute façon, c'est pris en charge par l'assurance.

— Quel rapport?

— Ben comme c'est arrivé au collège, les frais seront payés par l'assurance scolaire. Heureusement parce que si on doit compter sur les parents de Samantha, tu vois ce que je veux dire…

Je ne voyais pas vraiment et je ne comprenais pas comment Sandra pouvait en savoir si long sur les assurances et les parents de Samantha. Je lui ai demandé et elle m'a expliqué que son père était assureur. Une petite flamme s'est allumée en moi. Sandra était une envoyée du ciel, mise en travers de ma route pour me sauver du malheur. Je l'ai regardée tandis qu'elle me parlait de son père et d'un cas particulièrement épineux qu'il avait eu à régler la semaine passée. Elle murmurait en harmonie avec le carillon incessant de ses crayons. Au tremblement de ses longs doigts se superposait celui de ses lèvres, douces et rebondies comme des pétales de fleur. J'entrais en douceur dans un moment de poésie pure. Ce n'était plus le ballon de foot abandonné, ou le chien sans maître, c'était la palpitation cucul la praline des cœurs et les clignements de paupières au ralenti, comme de minuscules rideaux de velours qui se ferment sur des mystères sucrés. Boum-boum, boum-boum, parle Sandra, parle sans t'arrêter. Police d'assurance, une perle sort de ta bouche — délai de paiement, un diamant jaillit de tes lèvres — franchise et frais de dossier, rubis, émeraudes et topazes ruissellent entre tes dents.

— Tournachère, un peu de silence s'il vous plaît.

Parisi n'en revenait pas. Si même les brebis galeuses commençaient à se dissiper, où allait-on? Sandra a rougi. Tous les regards se sont tournés vers elle, vers moi, vers nous et j'ai entendu ricaner dans mon dos. Je venais de la rejoindre derrière le voile et je ne savais pas si j'étais ravi ou terrorisé.

À l'interclasse, j'ai décidé d'opter pour la provocation et j'ai demandé à Sandra si on pouvait se mettre dans un coin tranquille pour discuter. Au moment où je formulais ma question, je me suis rendu compte que n'importe quelle autre fille à sa place aurait considéré que c'était une demande en mariage. Lorsque Kevin avait demandé à Babeth si elle voulait monter avec lui en salle de dessin pour récupérer le cahier de classe qu'il avait oublié, elle lui avait répondu : « Tu veux sortir avec moi ? », il avait dit oui et ils s'étaient collés bouche à bouche pendant dix minutes. Le cahier de classe était resté au quatrième étage et Samantha avait été désignée pour aller le chercher au début du cours d'anglais. Mais Sandra avait seulement dit oui, sans rougir, sans trembler, sans tortiller la mèche de cheveux qui tombait parfois en travers de son visage. C'était si facile de lui parler, comme si elle n'avait pas eu le même âge, comme si elle avait été légèrement hors du monde. Avec elle, les choses étaient sans conséquence, sans poids, chaque question trouvait une réponse. Je lui ai tout raconté et elle m'a donné trois conseils.

– Je te préviens tout de suite, sur mes trois conseils, il n'y en a peut-être aucun de bon. En général, la solution se trouve, comment dire… à mi-chemin. Tu t'y connais un peu en philosophie chinoise?

J'ai secoué la tête. Nous étions assis au milieu d'un petit escalier droit qui menait aux salles d'arts plastiques du quatrième. Personne ne passait jamais par là. La minuterie était cassée et nous étions dans la pénombre, tout près l'un de l'autre; parfois nos genoux se cognaient. Boum-boum. Sandra sentait bon. Boum-boum. Sa voix était douce. Boum-boum. Elle était un peu plus grande que moi. Mais elle était très distante, pas désagréable. Elle produisait une sorte d'onde indescriptible qui vous tenait en respect. Elle était absolument franche et transparente. Avec elle, «assis tout près l'un de l'autre» n'était qu'une indication concernant l'étroitesse de l'escalier. Il n'y avait pas la moindre ambiguïté. Même sous son voile, je demeurais tenu à l'écart par un champ magnétique.

— Le mensonge, le travail, l'usure, dit-elle de sa voix toujours calme.

J'ai réfléchi un instant.

— Le mensonge, c'est déjà fait. J'ai dit à ma mère que j'apportais le chèque ce matin à Laduré-Wétanski. Ça me laisse du temps, mais ça ne résout rien.

Sandra a hoché la tête, comme un prof qui écoute un bon élève réciter sa leçon.

— Le travail, j'essaie. J'ai mis une annonce pour des cours à la boulangerie, mais pour l'instant, ça n'a rien donné.

— À ta place, je ne me ferais pas trop d'illusions. Tu as regardé les annonces qui étaient scotchées à côté de la tienne? «Ingénieur donne cours de maths», «agrégé de lettres propose suivi en grammaire». Tu vois ce que je veux dire?

— Le baby-sitting, je peux pas.

— Je sais, a-t-elle dit.

— Comment ça, tu sais?

— Je te fais marcher. J'en sais rien, mais si tu le dis, c'est que c'est vrai.

— C'était quoi déjà, le dernier truc? ai-je demandé pour éviter de rougir.

— L'usure.

— Ah, ouais...

— Tu sais ce que c'est?

— Ben ouais, l'usure, quoi.

— Non, a-t-elle dit en penchant légèrement la tête pour me regarder droit dans les yeux. L'usure, ce n'est pas l'usure.

Elle commençait à m'énerver avec sa philosophie chinoise.

— Tu prêtes de l'argent et tu te le fais rembourser avec intérêts, c'est ça l'usure.

J'ai éclaté de rire.

— Tu veux que je prête de l'argent, moi, alors que je n'ai pas un sou? T'es folle ou quoi?

— Ou quoi, a-t-elle répondu en souriant.

Des larmes stupides se sont précipitées sous mes paupières.

— Il suffit que tu trouves un petit capital pour commencer. Imagine que tu disposes de quarante francs. Tu en prêtes deux fois vingt avec des intérêts de dix pour cent sur une semaine. En huit jours, tu récupères quarante-quatre francs, tu suis?

Et comment. C'était exactement le genre de calcul qui rendait ma vie acceptable.

— C'est pas mal, mais le problème, c'est que je risque de mettre dix ans à récupérer les cent vingt francs de l'assurance.

— Les cent soixante francs, a-t-elle rectifié. Intérêt et capital, comme dit la fourmi.

Elle a sorti de sa poche deux billets de vingt francs.

— Je ne peux pas accepter.

— Ça ne me dérange pas, a dit Sandra en posant l'argent sur mes genoux. À mon avis, ça ne marchera pas, mais ça vaut le coup d'essayer.

J'ai fourré les deux billets dans ma poche.

— Et si je perds tout?

— Tu me devras quarante francs.

Je suis devenu tout blanc.

— T'en fais pas. C'est une blague. Disons qu'on partage les risques.

Nous nous sommes levés au moment où la sonnerie retentissait.

— Ça ne marchera jamais, hein? lui ai-je dit alors qu'on se retrouvait dans le hall du troisième.

— Je sais, mais pour l'instant, je crois que tu n'as pas le choix.

Pendant le cours de Verpuits, j'ai fait passer un papier dans la classe expliquant mon nouveau business. À la fin de l'heure, Fabien, Walter et Kevin s'étaient inscrits pour un total de quarante francs. J'ai déchiré trois pages de mon cahier de textes et j'ai fabriqué un petit carnet à colonnes.

Jeudi 28 septembre

Prêtés	Rendus
10 F / Kevin	0
20 F / Fabien	0
10 F / Walter	0

Jeudi 5 octobre

Prêtés	Rendus
0 ?	11 F / Kevin
0 ?	22 F / Fabien
0 ?	11 F / Walter

Total des bénéfices : 4 F

Ma cote n'était pas particulièrement en hausse. Les ragots allaient bon train sur Sandra et moi. J'avais décidé de ne pas démentir et même de m'asseoir systématiquement à côté d'elle. J'étais toujours la tête de Turc de mon ancienne équipe, mais je les tenais tous. Ils s'inscrivaient sur ma liste d'attente, en me demandant des taux préférentiels. Sandra m'avait conseillé d'être dur en affaires et je me fiais entièrement à elle. Ma vie était entre ses mains. Elle le savait et ça n'avait pas l'air de la gêner.

En rentrant du collège, je suis passé à la boulangerie et – *miracolo*! – quelqu'un avait relevé mon numéro de téléphone.

– Tu vas avoir une cliente, mon petit Louis, m'a dit Mme Pétillon. Une baguette pas trop cuite, comme d'habitude?

– Je n'ai pas d'argent sur moi.

– Je te fais crédit, mon grand. Tu vas devenir riche.

Elle m'a tendu une baguette encore chaude et je lui ai promis de la rembourser le lendemain sans faute.

À peine avais-je passé la porte de l'appartement que le téléphone a sonné.

– Bonjour, j'appelle pour l'annonce.

C'était une voix de femme très jeune, et je me suis tout de suite senti à l'aise.

— Bonjour madame, c'est Louis Desruelles à l'appareil. Que puis-je faire pour vous?

J'ai eu l'impression de l'entendre rire. Mais ce n'était pas très net; peut-être une simple quinte de toux. C'était la mode ces derniers temps.

— C'est pour ma fille, Alice, qui est en CM1.

— CM1? pas de problème.

— Ce serait surtout pour la grammaire et l'orthographe.

— Grammaire et orthographe? parfait, ai-je dit d'une voix légèrement plus hésitante.

Ce n'était pas vraiment mes matières favorites. Je me suis rassuré en me disant que si je lui faisais faire des dictées, j'aurais l'avantage d'avoir le texte sous les yeux. Pour enseigner, il n'est pas nécessaire d'être bon en quoi que ce soit, il suffit d'avoir le bouquin entre les mains.

— Pourriez-vous commencer dès demain?

— Avec plaisir, madame.

— J'habite 14, rue Popincourt, escalier C, troisième étage, droite.

J'ai noté tous les renseignements sur le carnet de téléphone et j'ai raccroché après l'avoir remerciée trois fois. C'était sans doute un peu trop, mais elle n'a pas eu l'air gênée. Elle a eu une autre quinte de toux et m'a dit à demain, 17 heures.

Quand ma mère est rentrée, elle était complètement trempée. Un gros orage avait éclaté. J'étais resté le nez collé à la fenêtre à compter les secondes qui séparaient chaque coup de tonnerre de l'éclair qui déchirait le ciel gris-noir. De grosses gouttes serrées éclataient dans les flaques déjà nombreuses ; la pluie s'abattant sur le rebord en zinc des fenêtres crépitait doucement.

— Louis, cria ma mère qui s'était enfermée dans la salle de bains. Je vais devoir sortir ce soir. Tu peux rester tout seul, mon grand ?

Je sentais à sa voix qu'elle avait peur que je lui dise non. N'importe quel autre jour, j'aurais joué la comédie et je lui aurais rappelé les dix derniers faits divers avec enfants morts dans un incendie pendant que les parents étaient absents; mais j'étais de bonne humeur. Je me sentais bien comme jamais depuis six mois. Les morceaux s'étaient recollés, j'avais soudain l'impression d'être une personne entière; rien à voir avec le fragment insensé d'une famille éclatée.

– No problemo, ai-je dit à ma mère qui sortait de la salle de bains, une serviette sur la tête, coiffée à la fakir.

J'ai failli lui demander si elle voyait «Ah, Zac?» mais mon instinct m'a conseillé de m'abstenir. Je n'avais pas intérêt à tout gâcher. De toute façon, je n'ai pas eu besoin de l'entendre de sa bouche, la réponse était évidente. Après avoir passé une demi-heure enfermée dans sa chambre, elle en est ressortie sentant les fleurs et la poudre; ses cheveux brillants étaient serrés dans un chignon sophistiqué, elle portait des boucles d'oreilles, une robe noire qui la moulait un peu trop à mon avis. Elle était quand même assez belle et surtout, elle avait l'air différent de d'habitude, pas naturelle, comme si une caméra avait été constamment braquée sur elle. Elle calculait ses gestes, inclinait la tête doucement, souriait en découvrant ses dents. «Elle répète», me suis-je dit. «Elle se prépare pour tout à l'heure; elle affûte ses coups de charme.»

J'ai échappé à son show en prétextant une tonne de devoirs à faire, et je me suis enfermé dans ma chambre. En contemplant mon carnet d'usurier tout neuf, j'ai commencé à me sentir mal. Mon estomac s'est serré, mes mains ont gelé, mon dos s'est mis à me démanger. J'ai relu minutieusement les entrées de chaque colonne et le résultat des bénéfices que j'escomptais; ensuite, j'ai essayé de trouver un moyen de calculer combien il me faudrait de temps pour rembourser l'assurance et Sandra, en prenant en compte mon augmentation de capital. En gros, je pouvais espérer doubler les intérêts chaque semaine.

D'habitude, les calculs me calment. Ils

m'aident à ordonner mes pensées, à comprendre le monde. Mais cette fois, ils ne donnaient rien. Les chiffres enflaient sous mon stylo et j'avais toujours la gorge aussi serrée. Je me suis allongé sur mon lit et j'ai dormi. Je ne sais pas de quoi j'ai rêvé, et c'est bien dommage car, vu l'état dans lequel j'étais en me réveillant, je parie que j'avais atteint – et même peut-être dépassé – le niveau d'Amélia Marquez.

Ma mère est entrée dans ma chambre sans faire de bruit, elle m'a embrassé sur le front et m'a dit à l'oreille : « Ton dîner est sur la table de la cuisine. » J'étais encore dans le brouillard et j'ai marmonné : « Bonne soirée. » Lorsque, quelques minutes plus tard, j'ai ouvert les yeux pour de bon, je me suis rendu compte que je pleurais. Ça ne m'était jamais arrivé. J'avais pleuré en dormant, ou bien j'avais commencé en me réveillant. Peu importe. Allongé sur le dos, je sentais les larmes se décrocher de mes paupières pour venir couler dans mes oreilles. Ça me faisait du bien. J'étais en colère et, avec chaque larme, un peu de rage s'envolait. Les chiffres se sont remis à danser dans ma tête mais ce n'étaient plus les mêmes. 19 – 36 – 13. Ma mère avait dix-neuf ans quand elle a connu mon père. Elle en a trente-six aujourd'hui. Moi, treize. «Chacun son tour», ai-je pensé. «Chacun son tour», me suis-je répété en pleurant plus fort. Pourquoi était-ce elle qui tombait amoureuse? C'était fini, norma-lement. Elle avait eu sa chance. Pourquoi ses yeux brillaient-ils? Pourquoi Sandra était-elle cintrée? Mes parents pensent à l'amour et moi je pense à l'argent. «Chacun son tour», mais à l'envers. N'importe quoi.

J'ai serré les poings et je me suis levé. Dans la cuisine, il y avait tous mes plats préférés. Salade de bâtonnets de crabe et de cœurs de palmier/spaghettis bolonaise. L'aile imaginaire de ma mère poule absente m'a tenu quelques minutes au chaud. J'ai mangé comme un sau-vage et j'ai décidé d'appeler Edson.

— Allô, oui, j'écoute.

— Qu'est-ce que t'as foutu ? Ça fait au moins trois minutes que j'attends au bout du fil.

— Au cas où tu ne t'en souviendrais pas, *brother*, je ne dispose pas d'une ligne privée. Robert Biscotto est venu me chercher alors que je sortais de la douche, j'allais quand même pas répondre à poil.

— Qui c'est ça, Robert Biscotto ?

— C'est Robert Biscesco, un rugbyman assez puissant dans son genre.

— Vachement marrant le jeu de mots avec Biscotto.

— Je suis bien content que ça te plaise, parce que c'est l'humour d'ici. Tu vois, tout en finesse.

— Alors tu vas passer le jour de l'an à Moscou ?

— Pipeau d'agneau. J'ai dit ça à maman parce que ma copine est d'origine russe, mais en fait elle habite Antibes.

— T'as une copine ?

— Ben ouais.

— Et alors?

— Alors quoi?

— Ben, je sais pas moi, c'est comment?

— Com'd'hab. A m'adore. A n'aime que moi et tout ça.

— Sans déconner?

— Si, en déconnant. En vrai, je crois qu'elle sait à peine que j'existe et de toute façon elle a dix-huit ans, donc ne te sens pas obligé d'aller acheter tout de suite le costume pour notre mariage. À mon avis, j'en ai encore pour cinq ans et demi d'approche.

— Elle est comment?

— Je sais pas.

— Tu l'as jamais vue?

— Si, si, mais... Edson a hésité un instant. Elle est vieille quoi, elle est différente.

— Elle est mûre, tu veux dire?

— Voilà, elle est mûre. D'ailleurs je me demande si je ne suis pas en train de faire un déplacement avec maman, tu vois ce que je veux dire.

— Genre «allô docteur Freud?».

— Ouais, un peu.

— Glauque, non?

— Je dirais même plus, Glauque-land. Et toi, ça va ou quoi?

— Ou quoi. Tiens, tu sais, c'est marrant, j'ai rencontré une fille qui dit «ou quoi», comme nous.

— Tu l'as rencontrée où?

— Dans ma classe.

— Vachement original.

— T'es déjà sorti avec une fille de ta classe?

— Jamais. C'est bien ce que je dis, vachement original. Et les parents, ça va? Maman avait l'air moyen-moyen hier.

— Ambiance Nescafé, pub pour le divorce. Je me demande s'ils font pas un déplacement eux aussi. Ils pensent qu'à ça.

— Quoi ça?

— Ben ça. Ils pensent qu'à ça.

— À ça, t'es sûr?

J'ai hoché la tête tristement.

— Hé! ho! t'es mort, là, ou quoi?

— Ou quoi. C'est nul le téléphone. On est obligé de parler.

— Ouais, c'est nul. Pourquoi tu m'appelles d'ailleurs?

— Je sais pas, comme ça.

— Bon ben, on se voit à la Toussaint?

— Ou à la Trinité, salut.

J'ai raccroché, plus seul au départ qu'à l'arrivée et je me suis demandé si je retrouverais un jour mon frère. Au risque de devenir un professionnel de la nostalgie, je dois avouer que, dans le temps, on ne parlait pas de la même façon ni des mêmes choses. On parlait de l'origine de la Terre, des dangers de la génétique, de l'hypothèse d'une vie sur Mars. Je me suis demandé si on n'avait pas sauté à pieds joints dans l'âge bête lui et moi. L'âge bête, l'âge triste, celui où l'on commençait à avoir le même genre de préoccupations que nos idiots de parents.

J'ai résisté à la télé environ vingt minutes et j'ai fini par céder totalement, avec couverture sur les genoux et endormissement sur le canapé. Quand ma mère m'a réveillé pour me dire d'aller au lit, il était une heure et demie du matin et elle sentait l'alcool, je me souviens avoir pensé «grosse blessure dans l'enfance» avant le grand blanc jusqu'au lendemain matin.

— Alors Desruelles, vous venez compléter votre dossier? m'a dit d'un ton ironique Laduré-Wétanski. Asseyez-vous, je vous prie.

Je n'avais pas eu le temps de petit-déjeuner. Mon estomac hurlait famine et mes genoux tricotaient du coton. J'avais été convoqué dans son bureau dès huit heures trente et je n'avais rien préparé. La surveillante générale a ouvert une grande chemise couleur crème d'où s'est échappé un de mes premiers bulletins scolaires. Mme Rosier, CE2, je n'ai jamais oublié son écriture de gauchère; la première fois qu'elle avait écrit une phrase au tableau, je m'étais dit que si le directeur débarquait et voyait ça, il la renverrait sur-le-champ. Chacune de ses lettres était comme couchée par un vent de face. Mme Rosier avait aussi de très beaux yeux globuleux qui me rappelaient ceux du poisson japonais au restaurant chinois de la rue Oberkampf.

— Desruelles, je vous ai posé une question! s'est soudain écriée Laduré-Wétanski.

— J'étais dans la lune, madame.

— Oui, je vois ça. C'est un peu votre spécialité si je ne m'abuse. Vous avez de l'avenir à la NASA.

Elle a ri de sa blague débile et j'ai souri, histoire de ne pas aggraver mon cas.

— Alors, Louis, qu'avez-vous à dire pour votre défense?

Elle n'était pas avare de clichés cette brave L.-W. J'ai donc décidé de la défier sur son terrain – clichés tu veux, clichés tu auras. Toute la vérité sur le divorce des Desruelles. Enfin toute, je me comprends. Les disputes, le frère aîné qui quitte la maison, le déménagement, la solitude, le manque de communication... Il n'était pas question que je lui parle des cent vingt francs détournés pour le cinéma, ça n'entrait pas dans la ligne, c'était de l'anecdotique, et j'avais décidé de lui servir un mélodrame bien gras. Sandra avait raison, la solution se trouvait souvent à mi-chemin ; en l'occurrence, à mi-chemin entre le mensonge et la vérité.

Le pire, c'est que je me suis laissé complètement emporter. À force d'en rajouter sur le divorce, le déménagement et le départ d'Edson, je me suis retrouvé en train de pleurer. Au bout de cinq minutes, les larmes coulaient sans effort et je voyais les yeux de Laduré-Wétanski s'agrandir, ses sourcils remonter en accent circonflexe. Je me suis dit que je pleurais décidément beaucoup ces derniers temps et je me suis demandé si ce n'était pas un problème d'alimentation, ou de croissance, ou les deux.

— Excusez-moi, mais j'ai très faim, je n'ai pas mangé ce matin, ai-je dit pour l'achever.

— Mon pauvre petit, tenez, a-t-elle fait en me tendant sa boîte de biscuits privée. Je ne pouvais pas savoir. Vous êtes nouveau dans l'établissement et nous avons tellement de cas sociaux.

Je me suis senti un peu minable de piquer la place de Samantha Léolo au palmarès des malchanceux.

— Vous savez, a-t-elle ajouté, parfois, il suffit d'en parler. Je suis sûre qu'on peut arranger ça.

À ce moment-là, elle a sorti son chéquier et quelque chose en moi s'est révolté.

— Non, madame, je ne peux pas accepter. Tout ce que je vous demande, c'est un délai de quinze jours.

Laduré-Wétanski s'est levée de son fauteuil et m'a serré dans ses bras. Immobile sur ma chaise, stupéfait et paralysé, j'ai senti sa poitrine rebondie se coller contre ma tempe. Elle m'a caressé la tête, sans rien dire. Le délai était accordé.

Grifon finissait d'accrocher une carte géante de l'Europe au tableau lorsque je suis entré, et le courant d'air qui s'est engouffré avec moi a failli la décrocher. M. Grifon est hypersensible. Il a beaucoup de mal à finir son cours sans devenir tout rouge et se révolter contre l'indifférence des nations riches, ou la méconnaissance de la merveilleuse civilisation arabe. Un rien le détruit, tout le fait douter, il a d'ailleurs un tic qui me faisait très peur au début de l'année et qui me plaît plutôt maintenant. Toutes les six secondes environ, il tourne brutalement les yeux vers le côté, comme s'il avait entendu un bruit. Ça lui donne l'air affolé en permanence. Je pense que, dans une autre vie, il a dû être chevreuil ou renard ; sa dernière mort a eu lieu lors d'une chasse à courre. Il se sent menacé et c'est vraiment terrible pour lui d'être prof d'histoire-géo ; si seulement il enseignait un truc tranquille, comme le latin ou les travaux manuels, il ne souffrirait pas tant. Dans sa spécialité, il y a une injustice toutes les deux pages, un massacre toutes les dix et le trio famine-peste-exode le reste du temps.

Il s'est plaqué contre le tableau pour éviter que la carte ne tombe et ses yeux, soudain, se sont fixés sur moi. Au début, j'ai cru à un regard accusateur, mais je me suis vite rendu compte que j'étais simplement dans le champ de son tic. Même s'il ne s'était rien passé, à la seconde où j'ai pénétré dans la salle, il aurait tourné vers la porte ses iris affolés.

– Asseyez-vous Desruelles, m'a-t-il dit en souriant d'un seul côté. Je viens de faire l'introduction sur l'Europe agricole. Vous n'avez rien raté. Enfin si, enfin non, enfin, je me comprends.

Il a eu un rire de Quasimodo et je suis allé m'asseoir à côté de Sandra. Je n'ai jamais compris pourquoi personne ne chahutait à ce cours. Grifon était pourtant le prof idéal pour jouer les martyrs : il était faible, ridicule, s'affolait pour un rien et terminait chacune de ses phrases par une espèce d'embrouillamini de contradictions marmonnées, les yeux au ciel et les mains jointes, comme pour la prière. Même dans les couloirs on ne l'imitait pas. Je crois que, dans le fond, on l'aimait bien, simplement parce qu'il ne nous détestait pas. Il avait pitié de nous, comme de tous les peuples opprimés à travers les siècles et le vaste monde. D'une certaine manière, il nous considérait comme une tribu captive.

— Comment ça s'est passé ? m'a demandé Sandra.

— *Zen, Xin Tao, Yang zi Kiang,* ai-je répondu. Je me suis mis à la philosophie chinoise.

Ça ne l'a pas fait rire. J'ai même eu l'impression que je l'avais blessée. Le carillon si doux de ses stylos avait cessé, sa bouche, qui restait toujours légèrement entrouverte, était pincée. Elle a baissé le front et s'est mise à prendre des notes alors que Grifon était en train de retracer pour nous l'historique de la tringle à crochets qui se trouvait au-dessus du tableau.

I was plaisanting, ai-je écrit sur un morceau de papier que j'ai fait glisser vers elle. Je commençais à comprendre la manie d'Edson : parfois, il était vraiment plus facile de s'exprimer dans une langue étrangère.

Elle m'a regardé en se mordillant les lèvres et a fait non de la tête. Je serais mort sur place si j'avais dit tout haut ce que je pensais tout bas: «Tu es belle quand tu es en colère.» J'en étais là. Noyé dans l'eau de rose, le cœur battant et les mains brûlantes. Elle a soupiré, s'est ébrouée et a disparu.

Non, elle n'a pas disparu pour de vrai. Sa chaise ne s'est pas retrouvée vide tout à coup. Mais ça revenait au même. Elle a baissé les stores de son visage, a fermé toute sa personne au monde extérieur, s'est retranchée en elle-même, comme une momie vivante. Je ne savais pas quoi faire pour la ranimer. Je ne comprenais pas ce qui lui arrivait. C'était à cause de cette histoire de philosophie chinoise. Peut-être que son père était chinois. Peut-on être châtain aux yeux verts et avoir un père chinois? Peut-on mesurer plus d'un mètre soixante-six à treize ans et avoir un père chinois? Peut-on s'appeler Tournachère et avoir un père chinois?

Je me suis mis à rire bêtement, ce qui n'a rien arrangé. Grifon l'a pris pour lui et il est aussitôt devenu rouge de confusion. J'ai pensé que j'étais en train de mal tourner. J'étais capitaine d'un bateau, mais je n'y connaissais rien en navigation; je me laissais pousser par le vent, orienter par les courants et je voyais progressivement l'île de mes rêves s'éloigner au lieu de se rapprocher, avant de disparaître tout à fait. J'étais pourtant si sûr de ce que je voulais être; pas sûr de moi, non, au contraire, mais sûr de moi-plus-tard. Je serai un sage, un grand jeune sage aux longs lobes d'oreille – j'avais lu dans un article de je ne sais plus quel magazine que les lobes d'oreille étaient proportionnels à la sagesse de leur propriétaire –, un garçon calme et compréhensif, plein d'humour mais sans dérision, assez beau aussi, en tout cas, plus que maintenant. Parfois, l'espace d'un instant, je voyais la route de cet avenir radieux s'ouvrir toute large devant moi, je n'avais qu'à grandir; d'autres jours, c'était le brouillard, l'indécision et les heures qui filent sans que rien n'arrive. L'ennui profond de moi-même.

J'ai décidé d'aider un poil le destin et de faire un geste inoubliable. Après avoir soigneusement déposé mon orgueil et ma gêne dans une poubelle provisoire, j'ai écrit un poème (chinois, bien sûr) à l'intention de Sandra.

C'est un jour
de disparition
Elle a fermé les yeux
et je n'étais plus là
Quand je les ai rouverts
elle avait disparu.

J'ai remarqué que, quoi qu'on dise dans un poème, s'il y a le mot «œil» ou «yeux», ça devient un poème d'amour. Je le lui ai quand même glissé sous les doigts, en me convainquant qu'il ne m'engageait pas à grand-chose.

Elle l'a lu et je l'ai vue sourire, puis rire, puis se plier en deux, secouée par l'hilarité. Un instant, j'ai cru qu'elle allait tomber de sa chaise, et j'ai senti tous les regards se braquer sur nous – tous, sauf celui de Grifon qui continuait de filer affolé vers la porte. Je me suis mis à taper dans le dos de Sandra, pour me donner une contenance (peut-être aussi pour voir ce que ça me faisait de toucher son dos). Elle s'est calmée assez vite et a aussitôt repris son stylo pour écrire furieusement sur une demi-page arrachée de son classeur.

Ne me prends pas au sérieux. Ne te gâche pas la vie. «Je suis comme je suis, je suis faite comme ça.» C'est du Prévert. Tout le monde déteste Prévert. Pas moi. Moi je sais que c'est ringard mais j'adore parce que c'est vrai. Parce que je suis ringarde pareil. Pardonne-moi. Ne te raconte pas d'histoires. Je n'ai aucune illusion. Je suis un raté.

J'ai lu, aussi enfiévré qu'elle lorsqu'elle avait

écrit. J'ai souligné le «un raté» et j'ai mis un point d'interrogation dessous.

Qu'est-ce que ça change ?

A-t-elle répondu, toujours par écrit.

Ach, ma bétite matamé! Za jangé dout! ai-je pensé en allemand, pour m'interdire de penser seins, fesses, etc.

Presque rien, ai-je écrit juste au-dessous. J'ai souligné trois fois le *Presque* et je lui ai repassé la feuille.

— Qu'en pensez-vous, Desruelles? Trouvez-vous normal qu'un pays producteur de blé, grand producteur de céréales en général, se retrouve obligé d'importer ce même blé qu'il produit par ailleurs?

J'étais excité comme une puce.

— Non, me suis-je écrié, je trouve ça scandaleux!

Grifon a ouvert grand les bras, comme pour m'étreindre à distance.

— Exactement, Desruelles, c'est scandaleux!

Il a poursuivi, en expliquant le pourquoi du comment d'un scandale pareil et j'ai été obligé de l'écouter. Il était tellement satisfait de ma réaction qu'il ne s'adressait plus qu'à moi, ne me quittant pas des yeux, comme si nous avions été seuls dans la salle. C'était cher payé, à mon goût, mais le carillon de stylos avait repris à ma droite et, d'une certaine façon, c'était la seule chose qui comptait.

Pendant les heures qui ont suivi, Sandra et moi avons passé notre temps à nous éviter. Lorsque nous étions assis à côté, nous n'échangions pas une parole, soi-disant concentrés sur nos notes, et lorsque la cloche sonnait on trouvait immédiatement une autre activité dans laquelle s'absorber. Vers quatre heures dix, j'ai commencé à angoisser pour le premier cours que j'allais donner à la petite Alice de CM1. Histoire de me changer les idées, j'ai visualisé le billet de cinquante et la pièce de dix passant de la main de sa mère à la mienne. Caramba, c'était bon. Comme j'étais le nez dans mes comptes, j'ai également décidé d'écrire un petit mot à mes débiteurs, Kevin, Walter et Fabien. Je leur demandais simplement s'ils avaient vu le *Parrain I, II*, ou *III* (en sachant parfaitement que c'était impossible), et je leur faisais comprendre que s'ils avaient en tête de ne pas me rendre l'argent, ils feraient bien, avant de s'y décider, de louer le coffret en vitesse au vidéo-club le plus proche. Certes, l'île de mes rêves et mon splendide Moiplutar disparaissaient pour un temps, éclipsés par ces pratiques vulgaires. Je n'y pouvais rien, et je n'étais pas vraiment inquiet. « Je suis comme je suis, je suis fait comme ça. » Finalement, Prévert, ce n'était pas si mal.

À dix-sept heures pile, j'ai sonné à la porte bordeaux du troisième droite de la rue Popincourt. Je m'étais passé la main dans les cheveux, j'avais pris une grande inspiration destinée à me grandir et je me récitais des vieux restes de Bescherelle en attendant qu'on m'ouvre.

«Pocahontas!» me suis-je écrié dans ma tête.

Depuis les baskets rouges jusqu'au chignon de religieuse, c'était elle. Miss Peau-Rouge 1996.

— Bonjour, a-t-elle dit en regardant un peu à côté de moi.

— Votre mère m'a appelé pour des cours...

Elle a toussoté, les yeux baissés.

— On peut se tutoyer. Alice est dans sa chambre.

Elle m'a montré du doigt le fond du couloir. Elle me barrait la route, si bien que je ne voyais pas comment me rendre dans la chambre de mon élève. J'ai regardé ses baskets rouges à la recherche d'une solution et je me suis jeté en avant en disant «pardon». J'ai sans doute écrasé un de ses orteils, car je l'ai entendue dire «aïe», mais j'étais tellement obnubilé par le frôlement de nos corps que je ne pourrais pas le garantir. Je me souviens encore de son odeur, chaude et fraîche à la fois, un peu comme une bûche qu'on va chercher au fond du jardin. J'étais tellement décontenancé que je n'ai pas pris la peine de me retourner pour lui demander pardon. En trois enjambées, j'étais au fond du couloir et j'ai poussé la porte sur laquelle une pub pour les Polly-Pocket scotchée par des petites mains sales annonçait la couleur.

Assise sur son lit, un doigt dans le nez et le dos rond, Alice n'avait pas l'air folle d'impatience de me voir. Elle était blonde, assez petite pour son âge et ressemblait autant à sa grande sœur que moi à un chiche-kebab.

— Bonjour, ai-je dit d'un ton enjoué. Alors, tu es en CM1?

Alice a retiré lentement le doigt de sa narine, s'est étirée dans tous les sens et m'a répondu d'une voix molle :

— Moui.

— Tu sais pourquoi je suis là?

Elle a hoché la tête et s'est levée pour prendre son cartable.

— Tu as déjà pris des cours de soutien scolaire?

— Mmmm, a-t-elle fait en s'asseyant devant un bureau pour nain. Je suis nulle en classe.

— On ne peut pas être nulle en classe à ton âge.

— Ben si, a-t-elle dit en ouvrant devant moi un cahier aux pages barbouillées de taches diverses.

À certains endroits, un point de colle aléatoire, qui avait ramassé tout ce qui traînait dans l'air (cheveux, bouloches de pull en laine, poudre de pastel...), maculait la feuille atrocement. Je n'avais jamais rien vu d'aussi répugnant. Je me suis assis à côté d'elle sur un tabouret de nain et j'ai feuilleté le cahier du bout des doigts. Pendant ce temps, elle suçait son pouce goulûment, en tortillant ses cheveux autour de son index.

— Tu sais lire ?

— Ouais, vachement bien.

— Alors tu n'es pas complètement nulle. Tu sais, moi, je suis en quatrième et, dans ma classe, il y a des gens qui ne savent presque pas lire. Tu te rends compte, ils ont deux fois ton âge et ils ne savent pas lire. Toi, tu es un génie à côté d'eux.

— Ouais ? a-t-elle fait, radieuse. Mais soudain, elle s'est rembrunie. Non, je suis nulle, supernulle.

— Tu lis des livres ? lui ai-je demandé, histoire de changer un peu de conversation.

Elle m'a tendu un volume à la couverture arrachée. Le tiers des pages était corné, des traces de doigts et de substances indéfinissables traçaient des itinéraires mystérieux d'un mot à l'autre, mais j'étais fou de joie. Je l'ai tourné, feuilleté, retourné, caressé.

— *Peter Pan*. C'était mon livre préféré quand j'étais petit, lui ai-je dit. En fait, c'est toujours mon livre préféré. Mais ne le dis à personne, d'accord ?

— Tu crois qu'il existe, toi ?

— Qui ça ?

— Ben Peter, tu crois qu'il existe ?

J'ai réfléchi un instant.

— Un peu, ai-je répondu.

Mais j'avais peur qu'Alice soit déçue.

— Moi, pareil, a-t-elle dit en hochant vigoureusement la tête. J'y crois un peu.

Soudain, elle avait l'air ravie et je l'ai trouvée très mignonne. Si j'avais eu une petite sœur, je l'aurais voulue exactement comme ça. Elle a remis un doigt dans son nez et a soupiré d'aise.

— En fait, lui ai-je dit, ton problème, c'est que tu es sale, pas vrai ?

— Vrai, a-t-elle dit, absolument pas gênée, sans retirer le doigt de son nez.

— C'est mieux qu'on soit francs l'un avec l'autre, tu ne crois pas?

Elle a hoché la tête.

— Donc tu es sale et ça énerve ta maîtresse.

— C'est un maître.

— Il s'appelle comment?

— Jean-Henri.

Je me suis mis à rire et elle a ri aussi. J'ai pris un crayon à papier affreusement mâchonné et, pas dégoûté pour un sou, je l'ai coincé entre mon nez et ma lèvre supérieure.

— Bonjour, les enfants, je m'appelle Jean-Henri, ai-je dit d'une grosse voix.

— Comment tu sais qu'il a une moustache?

— Tous les types qui s'appellent Jean-Henri ont une moustache, c'est connu.

— Oui, c'est connu, a-t-elle répété en écho.

— Bon, alors, ça l'énerve, Jean-Henri, que tu sois sale. Pour te punir, il te dit que tu es nulle. Mais en fait, c'est lui qui est nul, tu comprends?

— Non.

— Comment ça, non?

154

— Il n'est pas nul.

À cet instant, un bruit horrible m'a déchiré le tympan et j'ai failli tomber de mon tabouret.

— Ah! Qu'est-ce que c'est?

— C'est Valou qui fait son violon, a dit Alice en se grattant la tête.

— Valou, c'est ta sœur?

— Mouais.

— Et ce cri de cochon qu'on égorge, c'est son violon?

Alice a éclaté de rire.

— Bon, à la guerre comme à la guerre!

— Ma mère dit toujours ça, à la guerre comme à la guerre.

— Elle est comment ta mère?

— Beeeeeeeelle.

— Normal.

— Quoi normal?

— Rien, rien. Bon, on s'y met?

Alice m'a regardé avec des yeux ronds.

— On travaille? ai-je dit.

Elle a poussé un petit grognement et s'est

laissée tomber de sa chaise. Je l'ai prise par la main et je lui ai demandé si elle voulait se transformer en princesse.

— Alors on travaille pas ? m'a-t-elle demandé, avec un petit sourire malicieux.

— Si, ai-je dit. On travaille, mais d'abord, on se transforme en princesse, d'accord ?

Quel talent, Louis ! Tout commence par la revalorisation de l'image. Parfois, ça a du bon d'écouter les conversations téléphoniques des copines divorcées. À part ça, je n'aurais jamais cru que transformer un porcelet en princesse était si difficile. Je n'ai pas l'habitude des petites filles. On est allés dans la salle de bains à pas de loup, pour ne pas déranger la grande musicienne qui nous sciait les oreilles en deux et on a commencé par se laver les mains. Un jus noir est sorti de celles d'Alice.

— Tu ne te laves jamais les mains ?

— Non.

— Pourquoi ?

— J'y pense pas.

— Et ta maman ?

— Elle se lave bien.

— Non, je veux dire, ta mère, elle ne te dit pas d'aller te laver les mains ?

— Elle rentre tard.

— Et ton père ?

— Mon père i s'en fiche.

Une fois qu'elle a eu les mains propres, je ne savais plus trop quoi faire.

— Voyons… ai-je dit… qu'est-ce qui te manque encore pour être une princesse ?

— Une belle coiffure !

— Caramba, dans le mille ! me suis-je écrié en empoignant une brosse à cheveux.

Démêler la tignasse d'Alice est une des choses les plus dures que j'aie eu à faire dans ma vie. Si je devais réécrire les douze travaux d'Hercule, j'inscrirais cette épreuve en treizième.

Alice était vraiment très mignonne. Elle ne bougeait pas d'un pouce. Parfois, je tirais si fort que ses yeux s'emplissaient de larmes, mais elle ne bronchait pas. Quand j'en ai eu fini, j'ai essayé de lui faire des tresses, mais ça a tourné en fiasco total. J'entortillais ses mèches comme un fou, mais elles se désentortillaient aussitôt. Alice était pliée de rire. Je lui ai passé un gant d'eau fraîche sur la figure et ses joues sont devenues toutes rouges. Finalement, j'ai attrapé un foulard qui dépassait d'une trousse de toilette et je le lui ai noué autour de la tête.

— Ouah, je suis belle ! s'est écriée Alice en se regardant dans la glace.

— Super belle ! lui ai-je dit en la ramenant dans sa chambre.

— Bon, alors, qu'est-ce qu'on fait ? m'a-t-elle demandé en se rasseyant à son bureau.

J'ai inspecté sa trousse et ses cahiers. C'était une véritable catastrophe. Les crayons à papier avaient l'air de vieux ossements découverts dans le désert et les bics fuyaient tous, répandant leur encre gluante sur les doigts dès qu'on y touchait.

— Comment tu fais ça ? lui ai-je demandé en lui montrant ses stylos.

Elle a haussé les épaules.

— Tu es la première personne que je rencontre qui réussisse à faire fuir un bic.

Elle a souri, très fière.

— Le problème, ai-je dit, c'est que ça fait des taches partout. Tu sais ce qu'on va faire ?

Elle a secoué la tête.

— On va échanger nos trousses.

Alice m'a regardé d'un air incrédule.

— Si, si. Tu me donnes ta trousse et moi, je te donne la mienne. Regarde.

J'ai sorti ma trousse de mon sac et je lui ai montré un par un les crayons, les feutres et le stylo-plume, bien propres.

— On dirait que ce serait ta nouvelle trousse de princesse, d'accord ?

— D'accord. Mais tu sais, je vais tout abîmer.

— Non, tu ne vas rien abîmer du tout. Parce que ce ne sont pas tes affaires de petite fille. Ce sont des affaires spéciales auxquelles il faut faire très attention.

Elle a pris un feutre noir du bout des doigts, comme si c'était une baguette magique, et l'a débouché délicatement.

— Tiens, lui ai-je dit en lui tendant un de ses vieux crayons pourris, je te laisse celui-là en plus. Dès que tu as envie de mâchonner un crayon, tu prends John.

— John ?

— C'est le nom de ton crayon pourri, tu comprends.

— John, a-t-elle répété après moi en faisant un essai de mâchonnage. J'ai compris.

— Il te faut aussi un nouveau cahier.

— J'en n'ai pas d'autre, a-t-elle dit d'une voix triste en regardant les chiffons grisâtres sur lesquels elle écrivait ses leçons.

J'ai tiré des copies doubles de mon sac, j'ai fabriqué un cahier tout neuf que j'ai posé devant elle.

— Maintenant, tu vas écrire bien proprement la date en haut de la page.

Alice s'est exécutée en tirant la langue, la

main droite bien à plat sur la page et les doigts de sa main gauche crispés sur le feutre.

J'ai regardé ma montre et je me suis rendu compte que l'heure de cours était passée de cinq minutes.

— Regarde, a dit Alice en me montrant son travail.

Lorsque j'ai pris son nouveau cahier sur mes genoux pour l'inspection, elle a saisi John et s'est mise à le mâchouiller comme une cinglée.

Venderdi 29 septembre. Chaque lettre semblait avoir une vie indépendante. Pas une n'avait la même taille que sa voisine. Elle s'était tellement appliquée que sa main droite avait transpiré, gondolant la feuille à cinq endroits.

— C'est pas mal du tout, ai-je dit. Je te confie ma trousse jusqu'à vendredi prochain. Tu y fais bien attention, d'accord?

Alice a hoché la tête et, morte de fatigue, s'est précipitée sur son lit, un pouce dans la bouche et l'index dans les cheveux. Elle m'a fait un signe de la main, tandis que je sortais de sa chambre à reculons. Dès que je me suis retrouvé dans le couloir, les hurlements du violon ont cessé. Je me suis retourné, prêt à revoir Pocahontas et éventuellement sa mère munie d'un magnifique billet et d'une merveilleuse pièce.

De mère il n'y avait point, mais de Miss Peau-Rouge, alias Valou, alias l'égorgeuse de cochon à l'archet, il y en avait partout. La première, debout face à moi dans le couloir; la deuxième, coupée à mi-hauteur à ma gauche dans le miroir au-dessus de la commode; la troisième, en médaillon, le visage reflété dans le carreau noir d'une porte vitrée à ma droite; et les cinquante autres, éclatées en micro-bouts de peau sur chaque pendeloque de la lampe à pendouillons de cristal. J'ai pensé à la bûche au fond du jardin, j'ai souri bêtement et j'ai attendu que quelque chose se passe.

— Je crois que ma mère a oublié de laisser l'argent, a dit Valou. Ses yeux ont tourné trois fois, comme des billes noires, des petites planètes jetées en orbite à cent mille kilomètres à l'heure.

Mes mains se sont crispées sur mon sac et j'ai pensé au contenu de la trousse que j'avais laissée en otage à Alice. Il y en avait pour soixante-dix francs de fournitures. Les affaires allaient mal. Quelques semaines plus tôt, j'avais vu à la télé un reportage sur la clochardisation des cadres. Monsieur X était interviewé. Il avait un grand sac en plastique, des chaussures qui bâillaient au bout comme celles de Charlot dans *la Ruée vers l'or*, et un transistor accroché à la ficelle qui servait de ceinture à son imperméable gris-beige. Il avait commencé par perdre son emploi, puis son appartement pour dettes et, petit à petit, tout ce qu'il possédait. À présent il vivait dans la rue et faisait la manche dans le métro. À chaque fois que je descendais l'escalier de la station Faidherbe-Chaligny, je m'attendais à le trouver au bas des marches, la main tendue, avec son transistor déglingué branché sur Radio Montmartre. Je m'étais senti très mal à l'aise en éteignant le poste, mais soudain, face à Pocahontas, repensant à tout ce que j'avais perdu (cent vingt francs de l'assurance, quarante francs de Sandra, soixante-dix francs de fournitures et soixante francs de cours), je me suis simplement rendu compte qu'une fois sur la pente, il était presque impossible de remonter. Étais-je en voie de clochardisation ? Mes parents me laisseraient-ils sombrer ? Où étaient les parents de monsieur X ? Quel monde pourri, ai-je pensé.

— C'est pas grave, ai-je dit.

— C'est sympa, a dit Valou en m'offrant trois nouveaux petits tours d'iris.

Sympa, j'ai horreur de ce mot. Valou, quel prénom ignoble. Ces cours, quelle arnaque. J'ai eu soudain envie de déguerpir le plus vite possible, de fuir cet appartement et, si possible, de me fuir moi-même. Mais Valou me barrait la route de la sortie.

— Tu veux un Coca ? m'a-t-elle demandé.

— Non, merci, ai-je répondu.

Avec la chance que j'avais ces derniers temps, elle était bien capable de me le faire payer.

J'ai avancé lentement vers elle, en espérant qu'elle finirait par se pousser. Mais non. Elle n'a pas bougé d'un millimètre et je me suis retrouvé aussi bête à l'arrivée qu'au départ, coincé dans le couloir, face à elle, me demandant comment franchir l'obstacle pour parvenir à la porte bordeaux.

— Pardon. Tu peux me laisser passer?

Valou a fait un quart de tour sur la droite et m'a indiqué la sortie, avec des gestes d'hôtesse de l'air. Comme je passais tout près d'elle, mon cœur s'est mis à battre comme un taré et ma mâchoire a tremblé. Histoire de me redonner une contenance, j'ai jeté mon sac sur mon dos et CRAC.

— Zut! a dit Valou en regardant le vase qui venait de se briser sur le parquet.

— Qu'est-ce qui se passe? a crié Alice depuis sa chambre.

— Rien, c'est ton prof qui a cassé le vase bleu de maman, a répondu Valou.

Ce n'est pas de ma faute, ce n'est pas moi qui l'ai cassé, elle l'a fait exprès, ai-je pensé. Quelle maison de fous.

— C'est pas grave, a dit Valou. Je vais tout ramasser et je ne dirai rien. Tu n'auras qu'à en racheter un autre. Il coûte cent vingt-cinq francs chez Habitat.

Elle m'a souri. J'ai eu envie de lui donner un coup de poing, mais mon bras était complètement inerte. $120 + 40 + 70 + 60 + 125 = 415$. Il y avait maintenant quatre cent quinze francs entre moi et le bonheur. «Bonjour monsieur X, je m'appelle monsieur Y et je suis devenu clochard en trois semaines.»

— Bon, ben, salut, a dit Valou. Puis elle s'est approchée de moi et m'a embrassé sur la joue. Enfin, pas vraiment sur la joue. Enfin, presque, enfin, vous voyez ce que je veux dire. Tremblant des pieds à la tête, j'ai descendu les trois étages jusqu'à la cour. L'air froid m'a mordu le visage et j'ai eu l'impression de respirer pour la première fois de ma vie.

Je vous ai déjà parlé de l'autoroute de mes sentiments, eh bien, imaginez un dimanche soir, 31 juillet: on crève de chaud dans la voiture qui a pris le soleil tout l'après-midi, les phares commencent à s'allumer, et deux longs rubans, un rouge et l'autre jaune et blanc, se déroulent de chaque côté de la haie centrale. On a l'impression qu'on ne s'en sortira jamais, on se console en se disant que c'est mieux qu'un accident, parce qu'au moins on n'en meurt pas, mais c'est limite. J'étais au bord de l'implosion. Mes genoux tremblaient, mes mains étaient complètement molles, j'avais la mâchoire aussi fragile que si je venais de recevoir un uppercut, et le souffle aussi court qui si je venais de courir le marathon. Je pensais à Alice et j'étais si fier de moi que j'en avais honte. Je pensais à Pocahontas – impossible de l'appeler Valou, trop débile ce nom – et l'exaspération se mélangeait à l'ivresse. Je refaisais mes comptes en alternant un plus et un moins devant la somme astronomique qui me gâchait la vie : − 415, monsieur Y, clochard de treize ans ; + 415, Louis Desruelles, milliardaire en herbe. En contrôle de maths, se tromper entre le + et le − vous faisait passer de 18 à 5 ; dans la vie, dans la vraie vie, c'était beaucoup plus grave.

En rentrant à la maison, j'ai pensé que j'étais mort. À force d'avoir des problèmes, j'avais sans doute craqué ; oui, on pouvait faire un infarctus à treize ans. J'étais donc mort, mais je n'avais rien senti ; j'étais directement arrivé au paradis. Dans le salon, ma mère et mon père étaient assis l'un en face de l'autre, ils buvaient du vin rouge en riant. Il ne manquait qu'Edson, et quelques anges peut-être.

— Bonsoir, mon chéri, a dit ma mère sans se lever.

Mon père a tendu son verre dans ma direction, comme pour trinquer.

– Tu ne me souhaites pas un bon anniversaire, chenapan?

Caramba, on était le 29 septembre. Henri Desruelles avait trente-sept ans ce soir. Je suis allé l'embrasser et il m'a serré dans ses bras, comme il le faisait quand j'étais un tout petit garçon. J'avais la tête qui tournait, les nerfs tendus comme les cordes du violon de Pocahontas ; chaque regard de ma mère, chaque mot de mon père était un coup d'archet qui me sciait les entrailles. Je n'ai pas essayé de les comprendre. Ils étaient complètement fous. À les voir discuter calmement d'un tas de choses qui ne les concernaient pas directement, on aurait pu croire à un couple normal. Même mieux, en fait. Quand mes parents parlaient ensemble, c'était une partie de ping-pong, entre champions chinois, ils se comprenaient avant même d'avoir terminé leurs phrases, anticipaient sur la réponse de l'autre, et riaient de se retrouver d'accord, malgré plus de quinze ans de malentendus accumulés. On aurait dit deux vieux amis, et quand ils se sont levés pour passer à table, ils se sont même pris par l'épaule – pas comme des amoureux, plutôt comme des joueurs de double.

Juste avant le dessert, pendant que mon père était allé chercher du champagne à la cave, ma mère s'est approchée de moi avec des airs de conspiratrice et m'a dit:

– Pour le cadeau, j'ai pris un portefeuille en cuir noir, tout simple. Tu me le rembourseras quand tu seras vieux. Je te préviens pour que tu n'aies pas l'air étonné lorsque ton père l'ouvrira.

J'ai hoché la tête et je me suis demandé comment j'allais faire pour ne pas m'évanouir. Chaque année, depuis que nous étions petits, c'était la même chose. Edson et moi, on oubliait systématiquement l'anniversaire de mon père. En plus, on n'avait pas d'argent pour lui acheter quoi que ce soit. Ma mère offrait donc, en plus du sien, un cadeau de notre part, qu'elle enveloppait d'un papier différent. Mon père disait: «Oh, les enfants, c'est adorable!»

Pas une seule fois il ne s'était douté que nous n'y étions pour rien. Quoique… Quoique en y réfléchissant, je me suis demandé s'il n'avait pas fait semblant depuis le début, se fiant au dicton qui veut que seule l'intention compte. Sauf que dans notre cas, même l'intention n'y était pas. Ces petits mensonges affectueux m'ont soudain paru insupportables. J'ai eu envie de me révolter, de dire à mon père que c'était la première fois que je voyais ce portefeuille noir, que ma mère avait dû le payer une fortune. Le simple mot « cadeau » suffisait à me donner des sueurs froides. Le doute m'a envahi. Je me suis remémoré un certain nombre de cadeaux que j'avais reçus de la part de mon père et je me suis demandé s'ils étaient vraiment de lui. Le train électrique, sûr ; le spirographe, pas sûr du tout (j'étais avec ma mère quand j'avais vu la pub à la télé) ; le blouson Schott, impossible, mon père ne savait même pas ce que c'était. Halte à la torture, je n'avais pas besoin d'énumérer davantage, c'était ma mère la faiseuse de cadeaux, l'organisatrice de rabibochages, la grande prêtresse de l'amour filial et paternel. Je tenais d'ailleurs une preuve criante de vérité : le 15 mars de chaque année, pour l'anniversaire de ma mère, il n'y avait pas de cadeau des enfants. Nous lui faisions en vitesse un dessin, parfois un poème et, depuis que nous étions devenus trop grands pour ce genre de facéties, nous nous contentions d'un bon-cadeau (que nous n'honorions jamais). Le sol s'est ouvert sous mes pieds quand l'idée m'a soudain traversé que ma mère s'achetait elle-même son cadeau d'anniversaire et qu'elle le cachait dans l'armoire de mon père pour faire comme si.

Elle a sorti le gâteau du placard, a allumé les bougies et éteint la lumière. Dans la pénombre, j'ai vu une larme briller au coin de son œil et j'ai eu le cœur brisé. En rêve, je suis monté sur ma chaise et j'ai déclamé pour elle et mon père le discours qui nous aurait tous sauvés du naufrage. « Arrêtons de mentir. Arrêtons de faire semblant. Les cadeaux, ça ne veut rien dire.

Pourquoi continue-t-on à faire des anniversaires, alors qu'il n'y a plus d'amour? N'achetons rien. Réfléchissons. Demandez-vous ce que vous voulez faire de votre vie. Arrêtez de dire n'importe quoi. Envoyez Véra et "Ah, Zac?" en croisière aux Caraïbes, qu'on ait un peu la paix. Regardez-vous. Vous allez mettre au moins quinze ans à reconstruire ce que vous avez détruit. À quoi ça sert? Vous serez déjà vieux quand ça arrivera. Balancez le répondeur à la poubelle. Donnez votre argent à monsieur X, au lieu de le gaspiller en faux cadeaux, et partez vivre ensemble dans une hutte au fond des bois. »

Est-ce que, moi aussi, je serai obligé de mentir quand j'aurai leur âge? À vrai dire, ma carrière de truand était déjà bien entamée. En un mois, j'étais devenu une véritable usine à pipeaux. «Peste soit du maroufle!» disait je ne sais plus qui dans je ne sais plus quelle pièce de Molière. «Peste soit de mes parents, de moi et de toutes nos trahisons. » Mon père a soufflé les bougies. Nous nous sommes retrouvés dans le noir et, un instant, j'ai cru les entendre gémir. «Ne rallumez pas», ai-je pensé. «Restons dans l'obscurité. Au bout de quelques secondes, nos yeux s'habitueront à la pénombre et nos visages se détacheront des murs. Nous ne verrons d'abord que le brillant de nos yeux, puis nos joues se dessineront et, enfin, nos lèvres muettes. Ne rallumez pas. Restons ensemble, jusqu'à ce que...»

Mon père a tendu la main vers l'interrupteur et je me suis levé d'un bond pour m'enfuir dans ma chambre.

Descente aux enfers. C'est comme ça qu'on dit. En un mois, j'ai perdu du poids, des amis, un bon nombre d'espoirs et pas mal de temps. Si c'était à refaire, je ne pourrais malheureusement rien y changer parce que les événements me sont tombés dessus sans que je demande quoi que ce soit. En fait je n'ai pas bougé d'un pouce, c'est l'enfer qui est monté jusqu'à moi.

Fabien, Kevin et Walter ne m'ont pas rendu l'argent que je leur avais prêté. Chacun à son tour est venu me trouver pour me baratiner une excuse à la noix. Personne n'était dupe, ni eux, ni moi. Dans leur regard, j'ai pu lire un pourcentage inattendu de haine. J'aurais dû leur en vouloir de m'arnaquer comme ça, mais ils m'avaient pris de vitesse. J'ai compris – mais un peu tard, comme le corbeau de La Fontaine – qu'ils s'étaient mis à me détester dès que je leur avais tendu les billets. «Gosse de riche», «profiteur», «salaud d'exploiteur». Ils avaient dû user pas mal de vocabulaire sur mon dos. Pendant qu'ils me servaient leurs mensonges mal ficelés, le pincement de l'avarice se mêlait au chagrin d'amitié. Intérieurement je cuisais à la pensée de l'argent perdu et je fondais à l'idée de n'être plus rien pour eux.

Fabien, dont la petite sœur s'était cassé le bras, avait dépensé les sous pour lui acheter un nounours. Il aurait du mal à me rembourser, parce que sa mère avait mis fin à sa carrière de laveur de pare-brise. «Un accidenté dans la famille, ça me suffit», lui avait-elle dit. Je savais que tout était faux, le nounours et le reste, mais je n'avais pas le courage de demander des preuves.

Kevin s'était fait braquer dans un couloir des Halles et les dix francs étaient partis avec son blouson et sa montre. «Tu vois, le problème, c'est que depuis que c'est arrivé, ma mère, elle me laisse plus sortir, alors pour revendre mes BD aux puces, c'est galère.» Pendant deux semaines, il est venu au collège avec sa vieille parka, histoire de gagner du temps. Lorsque le lundi d'après, il a débarqué avec son blouson soi-disant volé, j'étais tellement dégoûté que je ne lui ai même pas fait la remarque.

Quant à Walter, il a réussi à me faire croire qu'il avait légué ses dix balles à monsieur X, le clochard que nous avions vu à la télé. On en avait parlé ensemble le lendemain de l'émission et j'avais été tellement révolté que je ne pouvais pas me permettre de retourner ma veste. «C'est comme une prise de conscience», m'a-t-il expliqué. «Maintenant, dès que j'ai un peu d'argent de côté, pour mon anniversaire ou quoi, je le donne aux Restos du cœur.» C'était évidemment faux mais, là encore, je n'avais aucun moyen de le prouver.

Mes poings étaient hors d'usage à cause des

nuits passées à me demander comment je pourrais un jour m'en sortir. J'étais aussi fatigué que si j'avais eu quatre-vingt-dix ans. En plus, il n'était pas question que je me fasse casser les dents, ou tordre le bras. L'assurance n'était toujours pas payée, si bien que je vivais en sursis, marchant au bord d'une falaise sur le tranchant d'une lame de rasoir. J'étais à la merci du moindre accident et, vu mon état de décrépitude, je commençais à craindre sérieusement pour mes jours. Mes trois débiteurs ne se gênaient pas pour profiter de la situation. De toute façon, depuis qu'au collège tout le monde pensait que je sortais avec Sandra Tournachère, plus personne ne me prenait au sérieux. J'étais le débile, le timbré, le fayot, le petit Loulou à sa mémère qui veut pas jouer au foot pour pas abîmer son joli pantalon de velours. Ce fut donc une descente aux enfers en solitaire.

Avec les profs, ça n'allait pas beaucoup mieux. Craignant une attaque d'allergie à la

poussière de craie, je ne faisais que des appari-
tions éclairs au tableau. Si l'un d'eux me faisait
monter sur l'estrade, je restais à plus d'un mètre
de la rainure où se trouvaient les craies malé-
fiques et je faisais l'imbécile.

— Enfin, Desruelles, ce n'est pas compliqué,
disait Mme Parisi. Ne me dites pas que vous ne
connaissez aucune de vos identités remarquables !

— Ben si, désolé, disais-je en haussant les
épaules, avec des airs de débile profond.

— Allez vous rasseoir, finissait-elle par dire
d'un air dégoûté.

Sauvé ! Pas de quinte de toux, pas d'étran-
glement, pas de mort par suffocation.

— Qui peut venir me montrer sur la carte
où se trouve l'Ukraine ? Desruelles, s'il vous
plaît.

Ça me faisait vraiment de la peine de faire
ça à Grifon, mais je ne pouvais prendre aucun
risque. Sans bouger de ma chaise, je lui dis :

— Excusez-moi, monsieur, mais j'ai une

crampe au pied. (Rires dans la salle.) C'est au-dessus de la Moldavie, en bas à droite de la Pologne.

Grifon rougit. Trois fois son regard éperdu se jeta vers la porte, comme s'il avait voulu s'enfuir, puis il finit par répondre.

– On ne dit pas «au-dessus», mais «au nord». On ne dit pas «en bas à droite», mais «au sud-est». C'est un cours de géographie, Desruelles.

Je hochai la tête piteusement et creusai, en pensée, un trou dans le sol pour disparaître à jamais. À certains moments, j'aurais vraiment préféré ne pas exister.

Un samedi de grand désespoir, où mon père m'avait laissé seul pour aller à Giverny avec Véra («Tu es sûr que tu ne veux pas venir avec nous? C'est la maison où a vécu Claude Monet. Les jardins sont magnifiques, surtout à l'automne et au printemps.» «Giverny avec Véra, Givera avec Verny, plutôt mourir», ai-je pensé.) Un samedi, donc, de désespoir profond et de poésie pure, j'en suis même venu à demander à l'homme de ménage sri-lankais de mon père de me prêter cinquante francs. Monsieur Philippe (c'est comme ça qu'il voulait qu'on l'appelle) était un peu plus petit que moi, très mince, et très doux. Il avait la peau brune et des yeux réellement noirs. Il ne parlait jamais, souriait beaucoup et avait des gestes délicats d'écureuil. Je ne sais pas comment j'ai osé. Sans doute par esprit de vengeance. C'était un tel bordel dans ma tête : j'en voulais à mon père à cause de Véra, qui n'était pourtant pas si horrible et qui faisait même des efforts désespérés et presque touchants pour arriver à tirer trois mots de moi ; j'aurais voulu qu'ils disparaissent tous les deux de ma vie, mais comme je ne pouvais pas les affronter directement, ni lui, ni elle, je m'en prenais à monsieur Philippe, qui n'avait rien à voir avec tout ça. C'est bien ce que je disais, bordel dans ma tête, descente aux enfers.

— Monsieur Philippe, s'il vous plaît…

Il avait arrêté d'épousseter la commode et

s'était quasiment mis au garde-à-vous ; c'était la première fois que je lui adressais la parole, à part pour lui dire bonjour et au revoir ; il avait dû être surpris.

– Voilà, je suis un peu embêté de vous demander ça, mais bon, je suis dans une situation, comment dirais-je, désespérée et j'aurais besoin de cinquante francs. Alors je me suis dit, comme vous êtes là et que mon père vous donne trois cents francs par semaine... Vous comprenez ?

Monsieur Philippe avait souri de toutes ses dents impeccablement blanches. J'ai vu à son regard qu'il ne pigeait pas un mot de ce que je disais, alors je lui ai montré l'argent que mon père avait laissé pour lui sur le bureau. « Peste soit de moi », pensais-je.

Monsieur Philippe avait hoché la tête et m'avait dit dans un anglais approximatif qu'il était content de travailler là, que de toute façon son diplôme de philosophie n'était pas valable en France, qu'il aurait dû faire médecine, comme sa mère voulait, mais que sa mère était morte, beaucoup de problèmes, très pauvre, très difficile partir, mais content, vraiment, monsieur Henri très gentil. Il avait souri de nouveau et j'avais reposé les billets, à moitié mort de honte. Complètement mort en fait. J'étais allé m'allonger dans ma chambre et, les yeux rivés au plafond, j'avais pensé à Moiplutar, comme à un ami d'enfance que j'aurais trahi. J'étais sur la mauvaise pente et mes doigts aux ongles rongés ne trouvaient nulle part de prise à laquelle se raccrocher pour ne pas descendre plus bas encore.

Lorsqu'à la Toussaint, Edson a débarqué, bronzé, musclé, les cheveux bien coupés et la voix plus grave que jamais, j'ai eu l'impression que nous n'étions plus frères. Dans son regard, j'ai lu un désaveu semblable. J'avais maigri, mes yeux étaient cernés de violet, trois poils de moustache se battaient en duel au-dessus de ma bouche, mes cheveux trop longs retombaient de chaque côté de mon visage comme des oreilles de cocker, j'avais le dos voûté et les mains tremblantes. Il est allé poser ses affaires dans le salon et j'ai compris que nous ne dormirions pas dans la même chambre ; il était devenu trop vieux pour ça. Vous me direz que j'aurais pu creuser un tunnel entre ma chambre et le salon, sauf qu'il aurait fallu détruire la salle de bains et la cuisine qui séparaient les deux pièces.

– Edson, mon beau jeune homme, a dit ma mère en le prenant dans ses bras.

Mon frère était à présent beaucoup plus grand qu'elle et, quand je l'ai vu fermer les yeux en posant sa joue contre la tête de ma mère, j'ai pensé que son histoire de déplacement n'était pas complètement déplacée. «Allô, docteur Freud ? C'est pour un rendez-vous, s'il vous plaît. Voilà, il y a mon frère qui fait un Œdipe du feu de dieu ; et, maintenant que j'y pense, il me faudrait aussi un rendez-vous pour ma mère, qui croit être tombée amoureuse d'un psychanalyste — vous voyez le genre —, un troisième aussi pour mon père qui ne sait pas qu'il a trente-sept ans et puis un dernier pour moi; je voudrais juste un certificat, un truc un peu sérieux qui me garantisse un internement à vie en hôpital psychiatrique, vous devez savoir faire ça, non?»

— Je suis bien content de vous voir, a dit Edson, remportant ainsi la palme de la banalité. Ça va pas, Louis? Tu fais une drôle de tête.

— Ne t'inquiète pas, lui a dit ma mère, sans le quitter des yeux et en me passant distraitement la main dans les cheveux. C'est l'âge difficile.

«Merci, maman, ai-je pensé. Merci beaucoup. Ça me fait chaud au cœur de voir que tu ne t'en fais pas pour moi, de sentir que tu as suffisamment confiance dans mon instinct de survie pour ne pas t'alarmer des trois kilos que j'ai perdus en un mois et demi.»

On s'est assis tous les trois dans le salon et Edson a parlé sans arrêt. Lui aussi, finalement était devenu un «fou-de-son-corps», il évoquait ses records de saut en hauteur comme, en d'autre temps, ses idées révolutionnaires sur les origines de l'homme. Il était à l'aise, calme, posé – un peu poseur aussi. J'ai pensé : «Il s'en est sorti.» Et aussitôt je me suis demandé ce que ça signifiait. Il a réussi à devenir son Moiplutar, il s'est sorti de l'âge bête, des boutons, de la gêne, et tout ça, sauf que, du coup, il est entré dans l'âge adulte, l'âge des réponses à tout, des responsabilités, de l'assurance. J'ai pensé à Peter Pan, notre héros à Alice et à moi et je me suis demandé si Edson n'était pas, sans le savoir, en train de rompre le pacte sacré.

De mon côté, je ne savais pas trop où j'en étais. Il faut dire que j'avais pas mal de difficultés à jongler avec tous mes Moi : Moidavan, qui pouvait discuter pendant des heures avec Alice, mais qui serait mort de honte face à Pocahontas. Moiprésen qui méprisait les discussions de Moidavan concernant les contes pour enfants, mais frémissait en entendant chaque corde de violon massacrée par les douces mains de l'Indienne de service. Et, bien sûr, Moiplutar qui épiait chacun de mes gestes et notait chacune de mes paroles d'un air désabusé, ricanant dans sa barbe déjà fournie.

Avant d'aller dîner, j'ai remis le nez dans mon carnet de comptes. En plus de mes calculs d'usurier s'étalaient à présent des soustractions catastrophiques, mêlant l'argent que je devais, à celui que j'avais perdu, sans oublier celui que j'attendais. Avec les intérêts qui couraient, j'aurais dû pouvoir empocher cinquante-six francs. Sauf que je désespérais de revoir ne serait-ce que mon capital initial de quarante francs. Sandra n'avait pas l'air de s'inquiéter mais, chaque fois que je parlais avec elle, je voyais un mur de pièces de dix se dresser entre nous.

Alice, malgré ses efforts soutenus, avait quand même réussi à assassiner mon stylo-plume et à amocher sérieusement la plupart de

mes stylos-billes – déficit de soixante-dix francs.
J'avais dû piquer un stylo à mon père et ma
trousse se résumait à présent à cet unique bic
bleu qui menaçait de tomber en panne sèche. Je
n'avais toujours pas vu la mère de mon élève
qui, décidément, rentrait très tard et n'avait pas
l'air de se soucier de son nouvel employé. Elle
me devait trois cents francs et je me prenais parfois à rêver qu'elle débarquait un soir à la fin de
la leçon pour les déverser en espèces sonnantes
et trébuchantes sur ma pauvre tête fatiguée.
Quant à l'argent de l'assurance, il manquait plus
que jamais à l'appel.

Heureusement, Laduré-Wétanski était partie en congé de maternité, dix jours après notre
fameuse entrevue et M. Mulot, le type qui la
remplaçait, ne semblait pas trop se préoccuper
des dossiers incomplets. C'était un petit bon-
homme tout gris qui avait l'air lessivé au sens
propre. Je me l'imaginais tournant pendant des
années dans le tambour d'une machine à
quatre-vingts degrés et ressortant par miracle,

toujours vivant, mais délavé, rétréci, tordu par l'essorage trop violent. Il n'élevait jamais la voix, frôlait les murs comme une ombre et arpentait les couloirs à pas de souris, se fondant naturellement à la peinture pisseuse qui recouvrait les murs du collège. Une fois, j'avais été envoyé dans son bureau pour faire signer une autorisation de sortie, et je l'avais trouvé assis à sa table, la tête dans les mains, marmonnant je ne sais quoi entre ses dents. Sandra pensait qu'il était alcoolique et, connaissant Sandra, c'était sans doute la vérité.

Le seul argent que j'avais réussi à récupérer, en allant rendre une visite affreusement intéressée à Mémé Arlette, avait servi à racheter le vase cassé de la mère de Pocahontas. En y réfléchissant, j'aurais pu m'estimer heureux. Mes problèmes les plus graves s'étaient résolus sans même que je m'en occupe. Et pourtant, j'avais la tête prise jour et nuit dans un étau d'angoisse et l'estomac serré comme avant de sauter dans le vide. Lorsque j'avais vu M. Mulot arriver, j'avais tout de suite compris que mon affaire d'assurance serait classée, mais au lieu de pousser un grand soupir de soulagement, j'avais senti un poids encore plus grand s'abattre sur mes épaules. Sans comprendre pourquoi, j'avais été éreinté de me rendre compte que l'argent n'était pas seul capable de tout régler. Lorsque j'avais remplacé le vase, j'avais eu la même impression ; la casse était passée inaperçue, mais lorsque j'avais tendu le paquet à Pocahontas, j'avais vu dans son regard une lueur étrange qui m'avait inquiété. Elle continuait de m'enivrer avec son parfum de bûche fraîche, et à me coller la chair de poule en m'embrassant au coin des lèvres, mais elle me faisait peur ; j'avais la désagréable impression qu'elle me manipulait.

Il paraît qu'on peut tirer des leçons de l'expérience. Quel genre de leçon pouvais-je bien tirer de la mienne ? J'ai passé pas mal d'heures à chercher la formulation correcte, la petite moralité, comme à la fin des fables de La

Fontaine, qui aurait résumé mon parcours et m'aurait peut-être permis de mieux le comprendre. «L'usure est un métier usant», «l'argent ne fait pas le bonheur, mais le manque d'argent fait quand même le malheur», «plaie d'argent n'est pas mortelle, mais presque», «quand on est sur la mauvaise pente, on ne peut que descendre plus bas», etc. Désespéré par les colonnes de chiffres qui ne donnaient rien, j'avais remplacé peu à peu mes opérations par des petits dictons de mon cru. Je faisais de sérieux progrès en philosophie chinoise – d'après Sandra, en tout cas. J'avais en effet renoncé à me sortir du pétrin pour prendre le temps de me demander comment j'y étais entré. Plus j'y réfléchissais, plus la faille logique s'élargissait; il y avait un trou dans le raisonnement. En temps normal, quand il vous arrive quelque chose d'agréable, vous êtes content et, inversement, quand il vous arrive quelque chose de désagréable, vous n'êtes pas content – même si c'est un peu réducteur, je crois que c'est une loi qui se vérifie généralement. Dans mon cas, elle était devenue complètement aléatoire. Parfois, quand quelque chose d'agréable m'arrivait, je me sentais très mal et vice versa. Par exemple, lorsque Laduré-Wétanski avait quitté le collège, j'aurais dû sauter de joie au plafond ; au lieu de ça, je m'étais mis à la regretter. Autre exemple : n'importe quel garçon à ma place aurait été fou d'excitation de se faire embrasser par Pocahontas, avec ses grands yeux en amande et sa bouche toute rose. Pour dire les choses clairement, je suis même sûr que n'importe quel garçon à ma place aurait laissé tomber cette pauvre vieille Alice pour passer les vendredis après-midi dans la chambre de sa grande sœur aux frais des parents. Mais non. Moi je restais fidèle au poste, je croyais à ma mission comme le capitaine d'un vaisseau spatial en perdition et les tentations que me servait ma poupée Barbie en baskets rouges faisaient naître en moi davantage l'effroi que le désir d'aller plus loin.

À un moment, je me suis demandé si je n'étais pas en train de muter, comme le type de Kafka : un jour il se réveille, et il se rend compte qu'il est devenu un cafard. Enfin, bon, mon cas n'était pas aussi grave que le sien. J'avais subi un autre genre de mutation, un genre plus discret. Les bonnes choses m'apparaissaient mauvaises et les mauvaises me semblaient bonnes. Tenez, mon histoire avec Sandra Tournachère – troisième exemple : avant mon problème d'assurance, je ne l'aurais jamais regardée ; pourtant, depuis que j'étais entré dans cette espèce de tunnel infernal, j'avais l'impression de ne voir qu'elle. Son air de statue, ses yeux de pierre, sa voix grave, ses mains toujours actives, son dos si droit et sa tête posée sur son cou, comme une assiette en équilibre sur la baguette d'un jongleur chinois. Elle me faisait rire et parfois, dans la rue, quand nous rentrions du collège ensemble, je la poussais des deux mains pour qu'elle tombe dans le caniveau. Elle se laissait faire et trébuchait, je la relevais et je la repoussais encore. C'était un jeu viril − rien à voir avec les petits bisous en coin de Pocahontas − mais à chaque fois que mes mains se collaient à son bras ou à son dos pour la faire basculer, et que je sentais son grand corps pencher vers la rue, comme si la rue entière avait été un prolongement de mes bras, j'étais électrisé des pieds à la tête.

Après dîner, Edson est venu me voir.

− Qu'est-ce que tu fabriques ?

− J'écris.

− Quoi ?

− Des trucs.

− Je peux voir ?

− C'est pas intéressant.

Edson s'est assis sur mon lit. J'avais envie qu'il me laisse seul.

− Égalité à la fin du temps réglementaire. Le sixième tireur se prépare, a-t-il dit en me faisant un clin d'œil.

Je me suis jeté à plat ventre sur la moquette de ma chambre, les bras en croix, avec l'horrible sensation que c'était la dernière fois.

— Face contre terre, me suis-je écrié. Demi-finale du championnat d'Europe des Nations. France / République tchèque. Pédros frappe trop mollement sa balle de l'intérieur du pied gauche. La France est disqualifiée.

Je n'avais pas envie de me relever. Cloué au sol, j'étais dans le même état que ce pauvre Reynald, voyant son tir raté lui revenir dans les pattes.

— Qu'est-ce qu'il y a, brother? m'a demandé Edson en s'asseyant près de moi.

— Je sais pas.

— Tu crois pas que tu prends tout un peu trop au sérieux?

— Non.

— C'est à cause des parents?

— Je m'en fous des parents. Qu'ils vivent leur vie et qu'ils me laissent tranquille. Ils se sont méchamment plantés, si tu veux mon avis.

— L'important, c'est qu'ils s'en soient rendu compte à temps. Papa t'a dit que Véra attendait un bébé?

J'ai eu l'impression qu'on m'avait effacé. Avant, j'étais le petit dernier; Edson resterait toujours l'aîné. Moi, c'est fini, je n'étais plus rien.

— Tu la connais? ai-je demandé d'une voix morte.

— Qui ça, Véra? Non, mais c'est plutôt bien.

— C'est vachement rapide quand même.

— Maman est contente. J'ai l'impression qu'elle se sent débarrassée.

— De qui? De lui, de nous, des enfants en général?

— Un peu tout. Elle a besoin de retrouver sa liberté.

Je me suis soudain redressé et je l'ai pris par les épaules.

— Mais qui t'es, toi? lui ai-je dit en le secouant comme un prunier. Qui tu es?

— T'es tout vert.

— Je sais, c'est ma nouvelle couleur.

— Vachement joli, mais bon, calme-toi, c'est la vie tout ça.

— Peut-être, mais c'est pas normal. Papa et maman ne devraient pas être heureux.

En prononçant ces paroles, j'ai soudain senti que mes parents me rejoignaient, jetés dans le même grand sac d'absurdité. Nous vivions donc dans un monde à l'envers, tous ensemble, la tête en bas, les pieds en l'air; avec des sourires qui se transformaient en grimaces et des grimaces en sourires. C'était exactement comme en maths, la confusion stupide et irréversible du − et du +.

Je me suis laissé tomber sur le dos et j'ai étiré longuement mes bras et mes jambes.

— Qu'est-ce que tu voudrais faire plus tard? ai-je demandé à Edson.

— Volley, a-t-il dit d'une voix de grenouille.

— Sûr?

— *No, brother. Never sure of nothing at all.*

Il s'est allongé près de moi et on s'est mis machinalement à faire des abdos.

— Putain, t'es bon, m'a dit Edson, au bout d'un série de cinquante. Pourquoi tu viendrais pas avec moi à Nice?

– J'ai à faire ici.

– Tu sais que c'est une vraie perte pour la nation sportive?

Je me suis marré.

– Il n'y a pas de cinémas à Nice, ai-je dit pour l'achever.

Avant de m'endormir, j'ai pensé au bébé qui naîtrait dans quelques mois. Je me suis dit qu'il aurait de la chance, parce que son père serait déjà vieux et tranquille, que sa mère s'appellerait Véra, ce qui était plutôt bon signe, et qu'il aurait deux grands frères absolument géniaux qui pourraient passer des heures à lui faire croire que ses cubes en mousse sont des planètes, à lui apprendre comment manger dignement une saucisse-purée, et à lui faire découvrir les blagues Carambar, qui en feraient une star du CP.

Je n'avais plus un gramme de rage en moi. J'étais vidé. Les yeux ouverts dans le noir, j'arrivais à dessiner en ligne plus ou moins droite la courbe de mon destin. Une seule clé suffisait à ouvrir toutes les portes. Il fallait que je coince la mère d'Alice et que je lui extirpe les trois cents francs qu'elle me devait. L'assurance payée, Sandra remboursée, il me resterait cent quarante francs pour me payer une nouvelle trousse, ce qui était — ô joie — trois fois trop.

Lorsque je me suis réveillé le lendemain matin, j'ai entendu les rires de ma mère et d'Edson dans la cuisine. Les équipes, visiblement, avaient changé de configuration. Je restais légèrement à la traîne, mais ce n'était pas plus mal; j'avais du pain sur la planche. Avant même de m'habiller, je suis allé téléphoner à la famille Popincourt (je ne connaissais pas le nom d'Alice et de Pocahontas). Mon petit discours était prêt: «Bonjour madame, c'est Louis Desruelles... oui, je m'occupe du soutien scolaire pour votre fille, Alice... Voilà, je voulais vous demander s'il vous serait possible de me régler les leçons du mois dernier, parce que je dois partir en vacances et que j'aurais besoin d'un peu d'argent de poche.» Je ne partais nulle part, mais elle n'était pas censée le savoir.

Mon histoire tenait debout, elle ne pouvait pas refuser.

— Bonjour, ou bonsoir. Vous êtes bien chez M. et Mme Kinterlaffen, nous sommes absents pour les vacances, mais vous pouvez laisser un message à Karina et Joseph, merci, au revoir. Biiiiiiiip…

Quel nom, mais quel nom! Ils ne perdaient pas de temps, les Kinterlaffen. Ils avaient dû décoller juste après la classe. J'ai raccroché. Mes mains se sont mises à trembler, j'ai senti des gouttes de sueur descendre le long de mes côtes. Quelques secondes plus tard, je claquais des dents. J'ai essayé de me relever du fauteuil dans lequel je m'étais installé pour téléphoner, mais dès que j'ai été debout, tout autour de moi s'est mis à tourner. Mes pieds tanguaient, mes genoux s'entrechoquaient, j'ai voulu m'agripper à l'accoudoir, mais ma main tâtonnait furieusement sans trouver le moindre appui. La nausée est montée, j'ai voulu crier. Une espèce de barre grise s'est dessinée devant mes yeux et, soudain, je me suis senti beaucoup mieux, incroyablement léger, dans l'obscurité totale d'une chute vertigineuse, sans plus aucune conscience de mon corps. Le bruit que j'ai fait en tombant sur le sol ne m'a pas réveillé, mais il a au moins servi à alerter ma mère.

— Louis? Louis, mon chéri?

La voix était lointaine, mais douce; la main sur ma joue, fraîche et apaisante. Une autre mère que la mienne aurait sans doute donné des claques à son enfant pour le sortir des limbes, mais Margarita, toute volcanique et violente qu'elle fût, préférait la méthode douce en matière de réanimation. Enfant, elle avait été somnambule. Pendant des années, j'en avais tiré une grande fierté mais, les années passant, j'avais arrêté de raconter ses exploits nocturnes. À partir d'un certain âge, bizarrement, on arrêtait tout bonnement de parler de nos parents entre nous.

J'ai ouvert un œil et j'ai dit:

— Où suis-je?

Ma mère et Edson ont éclaté de rire.

C'était une de nos répliques fétiches des films de série B.

— Tu es en lieu sûr, Joe, a dit mon frère. Repose-toi, vieux. Tu as pris une balle dans le poumon et une autre dans le crâne, mais tu t'en sortiras. T'es le meilleur.

J'ai souri vaguement et j'ai senti ma tête tourner à nouveau. Une heure plus tard, le médecin était là. En fait, c'était la médecine en personne qui s'était déplacée : Tatiana Cordabout, la remplaçante qui s'occupait de la clientèle de notre vieux docteur pendant les vacances. Tatiana était exactement comme une Tatiana doit être — ce qui tend à prouver que la théorie de ma mère sur les pouvoirs de prédestination des prénoms n'est pas complètement bidon. Petite, blonde, très mince avec une taille fine, une énorme poitrine et un rire de crécelle absolument sublime.

— Vous pouvez nous laisser s'il vous plaît ? a été la première parole qu'elle a prononcée, avant même de dire bonjour.

Ma mère et Edson sont sortis de ma chambre. Tatiana a refermé la porte derrière eux.

– Bonjour, mon grand, je m'appelle Tatiana.

– Enchanté, ai-je dit avec mon sourire le plus enchanteur.

– Tu te drogues?

– Pardon?

– J'ai dit: tu te drogues? a-t-elle répété, les yeux brillants, en s'asseyant sur mon lit.

– Non.

Elle a sorti son carnet et s'est mise à prendre des notes.

– Haschisch, marijuana, crack, cocaïne? a-t-elle énuméré sans me regarder.

– Rien, ai-je répondu. Je ne fume même pas de cigarettes.

Elle a soupiré très fort et j'ai eu l'impression qu'elle allait se dégonfler totalement.

– Bon, alors, qu'est-ce qui se passe? a-t-elle demandé d'une voix lasse.

Un instant, j'ai hésité. Un petit check-up mental n'aurait pas été de trop. «Docteur, je ne pense qu'à l'argent, est-ce que c'est grave?» «Docteur, je n'aime plus rien de ce que j'aimais avant, est-ce que c'est grave?» «Docteur, je suis jaloux de mes parents, est-ce que c'est grave?» Tatiana, toujours assise au bout de mon lit, me regardait, les yeux écarquillés, pétrifiée, semblait-il, par un ennui aussi soudain que profond.

– Je me suis évanoui, ai-je dit finalement.

– Ça t'arrive souvent?

– C'est la première fois.

– Tu as déjeuné ce matin?

– Non.

Elle a fait une grimace genre: «Et c'est pour ça qu'on me dérange?!»

– Tu as de la fièvre?

J'avais l'impression d'avoir une machine en face de moi, une sorte de robot agrémenté de formes en mousse, ne connaissant rien d'autre que le programme qu'on lui avait fait ingurgiter.

Quand j'ai eu répondu à toutes ses questions, elle s'est approchée pour m'examiner. Elle a sorti son stéthoscope, son tensiomètre et s'est harnachée consciencieusement.

— Donne-moi ton bras.

En voyant s'afficher les chiffres de ma tension, elle a fait une drôle de tête. On aurait dit que, tout à coup, mon cas l'intéressait de nouveau.

— Tu es amoureux! s'est-elle écriée en bondissant comme un diable sorti de sa boîte.

Comme je ne réagissais pas, elle s'est rassise et m'a expliqué.

— Je fais une étude sur les baisses de tension liées à des problèmes hormonaux chez l'adolescent, a-t-elle dit.

J'ai hoché la tête pour ne pas la vexer, mais je ne voyais pas vraiment le rapport.

— Les hormones, tu sais ce que c'est?

J'ai hoché la tête à nouveau, mais elle a profité d'une hésitation pour me servir sa conférence. À la fin de son explication, j'avais appris ce que je savais déjà : que c'était le grand bordel dans ma tête, ainsi que partout ailleurs chez moi, et que personne ne pouvait m'aider à m'en sortir.

— Le temps, a-t-elle dit d'un air mystérieux. Il n'y a que le temps qui peut changer les choses. Sois patient et surtout... (à ce moment-là, elle a baissé la voix, comme si elle avait eu peur que mon frère et ma mère l'entendent) reste au lit autant que tu voudras.

Tatiana s'est envolée, laissant planer dans ma chambre un parfum doux et écœurant. Adossé contre la pile d'oreillers que ma mère avait tendrement confectionnée pour reposer ma pauvre tête malade, je me suis concentré sur mes hormones. Afin de mieux analyser leurs mouvements et leurs réactions, je me les représentais comme des petits soldats à la fois intrépides et craintifs, risque-tout et maladroits, une sorte d'armée de coyotes nains, s'acharnant désespérément à capturer des hordes de Bip-Bip prétentieux, agiles et indifférents. Mes hormones étaient comme des milliers de moi-même, en minuscule, qui faisaient la pluie et le beau temps à l'intérieur de mon corps : un régiment, déchiré entre le devoir de servir et le désir de se révolter. J'étais amoureux ? Mais de qui ? Était-ce une bonne ou une mauvaise nouvelle ?

Pour en avoir le cœur net, j'ai décidé d'imposer un petit exercice à mon armée secrète, une sorte de simulation d'état d'alerte. PO-CA-HON-TAS, ai-je articulé mentalement en me concentrant particulièrement sur la peau de son cou, puis en remontant lentement vers l'ovale de son visage. Mouvement des troupes banal, pas de panique dans les rangs, légère chaleur au niveau du front, palpitations au bout des doigts. Rien à signaler. SAN-DRA. Éclipse totale, silence radio.

— Il paraît que tu es un des premiers cas de grippe de l'automne. Félicitations ! a dit ma mère en surgissant dans ma chambre. Tiens, je t'ai préparé un citron chaud et une aspirine.

J'ai avalé les remèdes en pensant que le

mensonge était une pratique étonnamment répandue.

Au bout de deux jours de lit, j'ai commencé à en avoir marre. Edson ne m'approchait pratiquement pas, de peur d'être contaminé. Ma mère travaillait et le téléphone ne sonnait pas. J'ai lu les deux pièces de théâtre inscrites au programme de l'année, et l'un des trois romans : *Eugénie Grandet* de Balzac. Habituellement, je me sens très peu concerné par les livres que je lis pour l'école ; c'est comme si, dès que je les ouvrais, mon cerveau se mettait sur une position particulière, genre je n'essaie pas de comprendre, je m'en fiche, c'est juste pour l'école. Les livres que je lis dans ces conditions ne restent pas plus de dix jours dans mon frigidaire mental, et encore, dix jours, c'est large. En gros, dès qu'on a fini de les étudier, ils disparaissent, comme s'ils n'avaient jamais existé. Celui-là, c'était différent. Le Père Grandet, je le comprenais très bien. Il était proche de moi. D'une certaine manière, c'était un peu un coyote dans son genre : tout le monde le déteste, le livre est fait pour ça, pour qu'on trouve que c'est un super vilain ; sauf que moi, je le comprenais. Les soucis d'argent, l'angoisse de ne plus en avoir, c'est sans fond ; alors, à côté de ça, les histoires d'amour cucul la praline que se raconte la mère Eugénie, ça ne fait pas le poids. Je me suis complètement identifié à lui. Pourtant, il y avait des petits problèmes de style. Kevin, Djamel, ou même Fabien, par exemple, ne pouvaient pas lire des phrases comme : « Pauvre enfant ! accoutumé aux jouissances du luxe, il ne connaît aucune des privations auxquelles nous a condamnés l'un et l'autre notre première misère... » sans se pisser dessus de rire. Je me suis demandé pourquoi on ne parlait plus comme ça. Pourquoi aujourd'hui il fallait que tout soit simple et rapide. Quand on était comme moi, privé de compagnie et de conversation durant des jours entiers, cette écriture bien rythmée, qui décrivait les sentiments comme s'ils avaient été des choses réelles, visibles, concrètes, grâce à des mots que je comprenais, sans pour autant pouvoir les utiliser, s'imprimait en moi comme une musique. Je m'habituais aux dialogues des grassinistes et des cruchotins et, dans ma tête, je me mettais à parler comme eux. «Si ce n'est pas misère, de voir un beau jeune homme comme lui, périr d'ennui, sans le secours d'un frère ou d'un ami.» (Cette phrase est de moi, bien sûr.) Je planais complètement. Dans mon carnet d'usurier, reconverti en recueil de mes pensées les plus impérissables, j'écrivais des pages de réflexions sans queue ni tête sur l'amour, l'argent, l'enfance et le vieillissement. Je me suis plusieurs fois demandé si Tatiana n'avait pas fait son diagnostic un peu à la légère. J'avais bel et bien de la fièvre, des tremblements et des douleurs dans les articulations. L'amour ne me semblait pas être une explication suffisante.

Moi, Louis Desruelles, l'ennemi numéro un des clichés en tout genre, j'avais une devise bien particulière à ce sujet. Selon moi, l'amour ne faisait pas mal. C'était un truc inventé par les romanciers et les producteurs américains pour rendre les histoires plus longues et plus tordues. L'amour rendait heureux, donnait de l'appétit et des couleurs. J'avais donc la grippe. Et c'est là qu'on se rend compte que, bien souvent, le mensonge est le père, le fils ou le frère cadet de la vérité. La doctoresse avait dit «grippe» à ma mère, pour respecter mon intimité, et je m'étais arrangé, avec un vieux virus gardé en réserve depuis je ne sais quand, pour lui donner raison. «Brave garçon», me suis-je dit en me tapant mentalement sur l'épaule.

Le reste des vacances s'est réduit à une vague soupe de jours sans saveur. Tous les matins, je me réveillais avec l'espoir d'être guéri, mais à chaque nouveau jour correspondait un nouveau symptôme. J'étais devenu une véritable usine à microbes. Nez qui coule, toux sèche, toux grasse, maux de tête. En même temps, je n'étais pas si pressé d'en finir, il n'y avait rien d'urgent, rien à faire en vacances, aucune perspective financière, aucun espoir de remboursement, c'en était presque déprimant.

Quand Edson a débarqué dans ma chambre (j'étais presque guéri, et je passais la journée assis à ma table ou devant la télé) en brandissant des billets pour le Parc, je n'ai pas bondi de surprise et de bonheur, je ne lui ai pas sauté au cou, j'ai seulement fait ma tête de «ah, tu te souviens que j'existe?». Il avait pris tant de soin à éviter la contamination que c'en était presque louche.

— PSG/Galatasaraï, mec. Des superbonnes places. J'ai été pistonné par mon entraîneur. Son beau-frère est commentateur sportif. T'es content?

— Hyper, méga content, ai-je répondu, en me forçant à garder mon sang-froid. Je n'avais pas particulièrement envie de faire plaisir à ce lâcheur.

— Grand match, Louis. Au parc des Princes. Dans la tribune de presse. Classe, non?

Je commençais à sentir l'excitation monter en moi, mais je ne voulais rien laisser paraître.

— Extrêmement classe, ai-je fait, immobile, d'une voix glacée.

Edson était vexé. Il n'était pas complètement idiot.

— Si tu n'en veux pas, m'a-t-il dit, ce n'est pas un problème. J'ai environ dix personnes en liste d'attente.

Mon œil. Quel arnaqueur ce type.

Je me suis levé d'un bond et j'ai chopé un des billets qu'il avait à la main.

Edson est sorti de ma chambre à reculons en me faisant la révérence.

— Je passerai prendre Son Altesse dans dix minutes. Si Son Altesse veut bien mettre autre chose que son vieux pyjama troué, ce sera mieux. Si Son Altesse n'est pas trop fatiguée, nous prendrons le métro, la Rolls risquerait de rester coincée dans les embouteillages de la porte de Saint-Cloud.

— Vous pouvez disposer, Firmin, lui ai-je

répondu avec un petit balayage méprisant de la main.

J'ai sauté dans un jean et je me suis senti un homme neuf. J'avais pris au moins quatre millimètres pendant ma maladie. J'allais pouvoir me ressourcer dans le temple du sport, retrouver mon âme de guerrier et puiser les forces nécessaires pour affronter mon armée de débiteurs.

— Battus quatre-deux à l'aller, a dit Edson dans le métro, avec sa tête de conspirateur. À partir de deux-zéro, on est bons. Y va falloir tenir.

— On tiendra, ai-je dit. On va les porter, tu vas voir. Un public comme nous, ils ont jamais vu.

Je retrouvais une vague sensation de fraternité, quelque chose qui me poussait au bout du bras, comme une seconde main. J'ai regardé Edson qui lisait pour la millième fois la composition des deux équipes dans le journal ; finalement, on se ressemblait pas mal. Deux variations sur le même thème, lui en clair et moi en foncé, lui en doux, moi en pointu. Ce qu'on avait d'exactement semblable, c'étaient les fossettes dans les joues, qui se creusaient quand on souriait; un truc à faire tomber par terre d'amour les trois quarts des filles de la terre entière. Il faut croire que jusqu'à présent, je n'avais croisé que le mauvais quart restant.

— Au fait, je t'ai pas dit, a fait Edson sans quitter des yeux son journal — ce qui m'a fait craindre le pire. Muriel vient avec nous.

— Muriel, qui c'est celle-là?

Les fossettes se sont dessinées dans le creux des joues d'Edson, mais ce n'était pas parce qu'il souriait. Il avait les mâchoires serrées à se faire péter cinquante-trois dents.

Il a fini par se décoincer pour dire:

— Muriel, je t'en ai déjà parlé. Elle habite à Antibes.

— Ah, la vieille?

— Mais t'es con ou quoi?

— Ou quoi, ai-je répondu machinalement.

— Non, pas ou quoi. Pas ce soir. Ce soir, t'es con.

Il n'avait pas élevé la voix et je lui en étais

assez reconnaissant; scandale dans le métro, ce n'était pas trop mon genre. Je me suis demandé comment rattraper le coup.

— Vieille, c'est pas une insulte, c'est toi qui l'avais dit la dernière fois... ai-je tenté maladroitement.

— T'es pas con, a dit Edson. Je m'étais trompé. Tu es super con.

Je n'ai pas pu m'empêcher de sourire.

— On s'en fout qu'elle soit vieille ou jeune, tu comprends? a-t-il enchaîné. C'est une vraie personne. C'est pas juste une minette interchangeable. Elle pourrait avoir quarante-cinq ans, ou bien quatorze, ce serait pareil.

Ça me dégoûtait un peu, mais je n'ai rien dit. J'avais intérêt à me tenir à carreau.

— Tu es amoureux d'elle? lui ai-je demandé, avec soudain l'impression bizarre de m'être levé de mon siège pour me mettre à poil devant tout le monde.

— À mort, a répondu Edson.

Visiblement, chez lui, l'amour, ça faisait

plutôt du mal que du bien. Je me suis abstenu de lui dire ce que j'en pensais. J'aurais aimé, même hypocritement, lui passer le bras autour des épaules, mais c'était impossible. Il était devenu intouchable. Il ne m'appartenait plus.

Edson venait de regarder sa montre pour la dixième fois, quand la princesse charmante a déboulé à l'arrêt de bus. J'étais complètement réfrigéré, je ne sentais plus mes doigts et je claquais des dents, comme une joueuse de castagnettes. Pour être vieille, elle était vieille, avec talons hauts et col en fourrure. Elle avait un grand sourire béat en travers du visage et a couru vers nous en faisant tic-tac-tac sur ses échasses. Edson et elle se sont jetés dans les bras l'un de l'autre, genre film de Lelouch, et j'ai fait comme si je n'étais pas là. Pouah! Scotchés de la bouche pendant cinq minutes. Mon frère changé en escargot. J'ai commencé à avoir peur de rater le début du match.

— Muriel, je te présente Louis, mon petit frère.

Merci pour le «petit» ai-je pensé; j'ai serré la main qu'elle me tendait sans oser la regarder en face. En fait elle n'avait pas de rides ni rien, en flou et vite fait, elle avait même l'air plutôt jolie. Elle avait des cheveux roux et bouclés tout autour du visage et de grands yeux écartés.

– C'est la première fois que je vais à un match, m'a-t-elle dit.

Je ne lui ai pas répondu que ça se voyait; j'avais décidé d'être fair-play.

– J'espère que ça te plaira, ai-je répondu en me dirigeant vers l'entrée du stade, histoire de les faire revenir à la réalité.

Ils marchaient légèrement derrière moi, sans doute main dans la main ou, pire, en se tenant par la taille. Je me suis demandé pourquoi mon frère avait organisé cette soirée à trois. À sa place, je ne me serais pas encombré du bébé de service. À sa place, je n'aurais pas emmené ma fiancée au match. Mais à sa place, je n'aurais pas eu une fiancée comme celle-là, qui avait l'air d'une dame et parlait avec l'accent du Midi.

— Mon avion a eu du retard, j'ai cru que je n'arriverais jamais...

Elle riait tous les deux mots et enchaînait des petites phrases qui ne voulaient rien dire.

— C'est vraiment génial de voyager sans bagages, j'avais l'impression d'être une espionne.

Grand frisson, ma poule, ai-je pensé.

— Tu n'as pas froid? Vous n'avez pas trop attendu?

J'ai hésité un instant à rebrousser chemin pour les laisser seuls à leur merveilleuse discussion, mais PSG/Galatasaraï, ce n'était pas tous les jours et puis, avec moi dans les tribunes, notre club avait des chances de mettre la pâtée aux Turcs. J'ai donc mis mes oreilles en position «bouchage interne» et je me suis accroché au visage un sourire de brave gars.

La tribune de presse, c'est comme un rêve, en mieux, parce que ce n'est pas un rêve: on est sur le terrain. L'ambiance était tendue. De là où j'étais je pouvais presque voir l'expression des joueurs. Beaucoup de choses, à mon avis, se décident juste avant l'engagement. C'est un moment crucial qui demande une concentration extrême, de la part des joueurs aussi bien que des supporters. Je me tenais très droit, les yeux rivés au ballon dans les mains de l'arbitre, respirant calmement, par le ventre, comme me l'avait appris mon prof de judo en primaire. Mes mains se crispaient légèrement sur mon siège, malgré mes efforts pour garder mon sang-froid, parce que, dans mon oreille gauche, un bourdonnement aigu et incessant se frayait un chemin vers mon tympan à travers le barrage, pourtant réputé impénétrable, que j'avais mis en place au moment d'entrer sur le stade. C'est vrai, habituellement, quand je décide de ne pas entendre, je n'entends rien, absolument rien, ma mère me dit que c'est un truc d'homme et je ne vois rien de mal à ça, au contraire. Au fil des minutes, j'avais de plus en plus de mal à lutter contre l'intrusion de ce corps étranger dans mon univers mental. J'avais beau me répéter les phrases clés (concentre-toi, joue la balle, fais le pressing dès les premières minutes, ne baisse pas la garde durant les arrêts de jeu), d'autres mots venaient se substituer à ceux que j'avais envie d'entendre : «Mon petit chat tu sais que je t'aime quand tu es comme ça tu es si tendre et tu m'as manqué quand j'ai vu l'aéroport mon cœur s'est mis à battre si fort tu as les mains douces...» Mais fais-la taire, bon sang, ai-je télégraphié mentalement à mon frère. Il s'est exécuté − ce qui m'a rassuré sur l'état de notre contact télépathique − mais pas comme je l'aurais voulu. Au lieu de lui dire carrément : «Écoute, Muriel, là c'est sérieux, alors tu arrêtes avec tes piaillements, parce que c'est PSG qui joue et qu'on est à trente secondes de l'engagement», il s'est rescotché à elle. Je n'ai pas regardé, parce que, franchement, ça me dégoûte de voir les autres faire, surtout si les autres c'est mon frère, mais je l'ai senti. Du coin de l'œil, on en voit largement assez pour savoir à quoi s'en tenir. J'étais en état de choc. Putain,

on doit faire deux-zéro minimum contre Gala-
tasaraï et Edson ne pense qu'à faire la chenille
sur sa feuille de chou. Dans quel monde vivons-
nous ?

Match sublime, Leonardo plus grand joueur
du monde. Au premier but du PSG j'ai bondi les
bras en l'air, index pointés vers le ciel. Edson a
eu environ une demi-seconde de retard
– impardonnable demi-seconde – et il s'est
contenté de lever le poing, sans bouger ses fesses.
Très éprouvant pour moi. Deuxième but, on
tutoie l'ineffable, je reste en apnée pendant toute
la trajectoire de la balle et j'explose en un hurlement préhistorique lorsqu'elle pénètre dans la
cage. Edson n'a rien vu, il avait le nez dans le col
en fourrure. Honte sur notre famille. Troisième
but, installation provisoire au paradis, le stade est
en délire – comme on dit – mais moi, bizarrement, je commence à avoir froid. Du côté
d'Edson, pas de souci à se faire, il est entièrement rentré dans le manteau de sa fiancée et n'a
pas interrompu sa séance de spéléo pour se

rendre compte qu'on est en train de faire le match du siècle. Quatrième but, emménagement définitif au septième ciel. Je ne dis rien, je ne me joins pas au chœur pour les chants de victoire, je regarde mes mains en me demandant de quoi elles auront l'air quand j'aurai quarante-cinq ans. J'ai les yeux lourds, les pieds gelés. j'ai envie de rentrer chez moi. Edson et Muriel, qui connaissent un mystérieux moment de répit dans leur passion, poussent un cri de joie légèrement à contretemps et se lèvent sur leur siège pour applaudir. Quelle hypocrite cette fille, me dis-je, PSG, c'est rien pour elle.

Je n'ai toujours pas compris pourquoi Edson m'avait invité à cette soirée de merde. J'aurais mille fois mieux aimé me regarder le match tranquille à la télé, avec chips et Coca, compagnons plus fiables et autrement plus sincères que Muriel et Edson. Quand on est sortis du Parc, ils m'ont proposé d'aller boire un verre avec eux. Je les ai regardés comme s'ils venaient de tomber de Mars et j'ai pris le métro tout seul.

On n'en a jamais reparlé avec Edson. Deux jours plus tard, il est reparti pour Nice. Cette fois, j'ai voulu l'accompagner à l'aéroport et, quand il est entré dans la salle d'embarquement, je me suis senti soulagé. Il s'est retourné pour nous faire un signe de la main à maman et à moi et je l'ai aimé presque autant qu'avant. J'ai vu ses yeux bleus, ronds et naïfs nous photographier et j'ai pensé qu'à partir de maintenant, on avait chacun notre vie. Étrangement, ça ne m'a pas fait de peine. J'étais même assez excité. Deux valent mieux qu'un, me suis-je dit.

— C'est marrant les vacances, a dit Sandra.

— Tu trouves? ai-je répondu. Moi j'ai vécu l'enfer.

— Non, ce que je veux dire, c'est que c'est marrant parce qu'on ne se voit pas pendant quinze jours.

Tu as raison, Sandra, ai-je pensé. Par exemple, moi, en quinze jours, j'avais complètement oublié à quel point tu étais à côté de la plaque. Au bout de tout ce temps, je ne me souvenais plus que tu n'étais pas le genre de fille à répondre: «Ah bon, l'enfer, comment ça?» lorsque ton voisin te faisait des confidences sur sa vie privée. Tu as cent fois raison, Sandra, comme toujours. Je l'ai regardée bêtement en attendant qu'elle me surprenne un peu plus.

— Tu as changé.

Sur le moment, j'ai pensé que c'était la chose la plus belle qu'on m'ait jamais dite. Sandra, bien sûr, n'a pas rougi. Elle n'a pas baissé les yeux, même lorsqu'elle a vu que moi je rougissais. Elle a souri.

— Tu vois ce que je veux dire?

— Sandra, *please*, a interrompu Verpuits, *can you tell us why the Hotel California is a metaphor*?

Sandra ne savait pas quoi répondre, elle n'avait rien écouté depuis le début du cours, mais, grâce à sa voix de serpent Kââ en pleine séance d'hypnose, elle a emballé Verpuits comme il fallait.

— J'ai été malade, lui ai-je répondu à retardement.

Elle a fait non de la tête, très lentement, les yeux brillants comme jamais. À ce moment-là, j'ai pensé un truc tellement débile que j'ai eu un fou rire. Je m'en souviens exactement: je l'ai regardée et j'ai entendu la voix de Mémé Arlette dire «elle est mignonne à croquer». J'avais toujours trouvé cette expression complètement imbécile; on ne croquait pas les trucs parce qu'ils étaient mignons, ça n'avait rien à voir. Pourtant, en regardant Sandra, j'ai su ce que c'était d'avoir envie de manger quelqu'un.

— Qu'est-ce qu'il y a? m'a-t-elle demandé.

— Rien, ai-je répondu.

C'était affreusement facile de terminer une conversation avec Sandra parce qu'elle n'était pas curieuse. Ou peut-être était-elle discrète. Le résultat, c'est que si l'on utilisait un mot définitif comme «oui», «non» ou «rien», on avait peu de chances de la voir revenir à la charge. Elle a tourné la tête vers le tableau et s'est mise à fouiller dans sa trousse. Admirable carillon. C'est marrant les vacances, me suis-je répété, en me rendant soudain compte combien le carillon m'avait manqué.

Pour un jour de rentrée, je me suis senti étonnamment calme. Je n'ai pas ouvert une seule fois mon carnet de comptes — ce qui d'ailleurs aurait été inutile puisqu'il s'était transformé en recueil de poésies bidons. Je n'ai pas

essayé d'adresser la parole à mes débiteurs, ni
même de leur lancer des regards menaçants et
pleins de sous-entendus. J'ai à peu près suivi ce
qui se passait en cours. Le seul hic dans mon
comportement, le seul détail qui aurait pu me
distinguer par rapport au reste du troupeau
concernait les normes de sécurité très strictes
que je m'étais fixées, sauf qu'à force, c'était
presque devenu une seconde nature: je me
tenais à la rampe quand je montais ou que je
descendais un escalier; j'entrais et je ressortais
des salles de classe en dernier afin d'éviter la
bousculade; aux interclasses, je m'asseyais dans
un coin pour lire ou pour discuter avec Sandra;
et je ne m'approchais pas trop du tableau.
Cependant, malgré l'attention constante que je
portais à chacun de mes gestes, je n'étais plus,
comme avant, rongé par l'angoisse. Jiminy Cri-
quet avait repris le contrôle et me servait un des
petits raisonnements dont il avait le secret:
«Rien ne sert de s'affoler, à la fin de la semaine
tu empocheras trois cents francs de la part de la

famille Kinterlaffen, tu paieras l'assurance et tu seras en position de force pour affronter Kevin, Djamel et Walter.»

Une certaine douceur de vivre s'infiltrait peu à peu dans mes journées. Je ne savais pas si c'était l'imminence de la libération ou mon stage assidu de philosophie chinoise avec Sandra, ou bien encore l'arrivée foudroyante de l'hiver qui tranchait dans l'été indien et réinventait les feux de cheminée, les silences de neige et la beauté des dessins de givre sur les vitres. J'étais calme et attentif, un peu plus sûr de moi peut-être. Secrètement, je m'étais même dit un soir qu'il y avait quelque chose d'adulte dans ma nouvelle attitude face à la vie. Partagé alors entre l'horreur et la fierté, j'avais décidé de commettre un acte exigeant une maturité certaine: téléphoner à mon père pour lui dire que j'étais au courant pour le bébé.

— Allô, papa?

— Ça va, mon grand?

— Tu m'as reconnu?

— Pas spécialement, mais j'avais envie que ce soit toi.

J'avais de la chance, il avait l'air de très bonne humeur.

— Je t'appelle pour te dire un truc.

— Tu veux que je passe te prendre, on pourrait se voir si tu veux. Tu sais qu'on a aussi le droit de se voir en dehors du week-end si on se met tous d'accord, et ta mère en ce moment...

N'en fais pas trop, papa, ai-je pensé.

— Oui, je sais. Ma mère... Ça te fait quoi ?

— Comment ça ?

— Non, rien.

— C'était ça que tu voulais me dire ? Je peux passer si tu veux.

— Non, non, ne passe pas. Enfin, c'est pas que j'ai pas envie que tu passes, mais, bon, j'ai cours demain et tout, donc... donc...

— Tu es sûr que ça va, Louis ?

That is the question, comme dirait l'autre, sauf que la réponse n'était pas au programme de la soirée.

— Ça va très bien, mais je ne sais pas comment...

— C'est pas facile de parler à ses parents, hein?

Dans le mille, ai-je pensé. Ce père est assez extraordinaire, finalement. Il ne devrait y avoir aucune raison pour que ce soit difficile. Quand on a des parents comme les miens, ça devrait être du gâteau. Je les connais depuis que je suis né. Je suis absolument sûr qu'ils m'adorent. Ils sont intelligents et compréhensifs. En plus, ils sont jeunes. Pourtant, il y a un truc gênant que je n'arrive pas à définir; pour parler de choses personnelles, on se sent tout à coup complètement engoncé, comme si on n'avait pas le droit d'avoir certaines idées dans la tête, comme si les deux mondes devaient rester hermétiquement fermés l'un à l'autre. Comme si on devait éternellement rester des enfants pour nos parents.

— Edson m'a dit pour le bébé.

Mon père n'a pas répondu. J'ai pensé qu'il devait être ému et je m'en suis un peu voulu de l'avoir jouée hollywoodienne comme ça, genre je t'appelle pour te dire que je t'aime. J'en avais à moitié honte.

— Merci, mon Louis. Parce que, figure-toi, c'est aussi très dur parfois de parler à ses enfants.

Tu l'as dit bouffi, ai-je pensé. D'ailleurs, j'étais bien décidé à ne pas recommencer de sitôt.

— Bon ben, papa, je vais te laisser.

— Véra t'embrasse, a-t-il dit pour me tester.

— Ahun, ai-je fait, énigmatique.

Quand j'ai raccroché, j'ai été traversé par le sentiment idiot que mon père, Edson et moi étions une bande de chics types. J'ai pensé que lorsque je connaîtrais Sandra un peu mieux, je pourrais lui dire ce genre de choses. Sandra aussi était un chic type — à sa manière, bien sûr.

Le dernier obstacle posé en travers de ma longue route vers le bonheur allait bientôt être réduit à néant. J'avais un plan. Enfin, «plan» est un bien grand mot; disons simplement que je savais comment m'y prendre. À la fin du cours d'Alice, au lieu de me pointer dans l'entrée pour le bisou de Pocahontas, je n'aurais qu'à aller m'installer dans le salon et attendre le retour de Mme Kinterlaffen, ou même de M. Kinterlaffen. J'étais réellement prêt à tout. J'avais même envisagé l'hypothèse selon laquelle les parents seraient de sortie, et j'avais préparé une lettre à leur intention. Ça ne retarderait la résolution que d'une semaine, et je n'étais vraiment plus à ça près. J'avais les nerfs en béton. Il serait toutefois malhonnête de prétendre que je n'avais pas la moindre appréhension. Si j'étais absolument sûr du bon déroulement de l'action avec l'un ou l'autre des parents, j'avais quelques doutes concernant mon attente dans le salon avec Pocahontas. À chaque nouveau cours, elle inventait quelque chose : une fois c'était le tee-shirt coupé sous la poitrine qui laisse voir le nombril, la semaine suivante les yeux maquillés à l'égyptienne avec regard de braise, plus tard le coup de l'étourdissement, « oh, c'est bizarre, je vois tout trouble », et shpang, je te tombe dans les bras et j'attends le bouche-à-bouche, au dernier cours, elle avait même réussi à jouer quelque chose de joli au violon – prouesse qui m'avait tellement étonné que je l'en aurais presque aimée. Quelque chose en moi me disait que si je m'attardais ce soir, je risquais le viol pur et simple et je n'étais pas sûr d'être consentant. Durant ma préparation psychologique à l'opération baptisée « remboursement éclair », j'avais, à plusieurs reprises, buté sur le quart d'heure, la demi-heure ou l'heure d'attente. Je m'imaginais, assis dans le salon sous les yeux gourmands de Pocahontas, à sa merci, pour ainsi dire, ligoté sans ficelle au canapé de cuir.

– Tu veux un Coca ? me demandait-elle, comme à chaque fois, sauf que cette fois-là, je ne pouvais pas refuser.

– Oui, merci.

– Tu ne t'ennuies pas trop tout seul ? Si tu veux, je peux rester avec toi.

Elle s'asseyait sur mes genoux et là, je ne

peux malheureusement pas continuer. Même en pensée j'avais du mal à vivre cette scène. Heureusement, Alice serait là et me sauverait, en cinq cours, c'était devenue une indéfectible alliée.

En sortant du collège le vendredi après-midi, j'ai demandé son numéro de téléphone à Sandra.

— C'est pour te tenir au courant, lui ai-je précisé. Au cas où ça marcherait. Tu vois? Comme ça je pourrai te rembourser dès lundi.

— Je peux attendre, a-t-elle fait en écrivant néanmoins son numéro sur un morceau de papier.

— Je t'appelle en rentrant, d'accord?

— Si ça te fait plaisir, m'a-t-elle répondu d'un ton songeur.

Dans la bouche de Sandra, les mots prenaient systématiquement un sens nouveau. Quand elle disait «au revoir», par exemple, on entendait très bien le verbe «revoir», et c'était tout d'un coup très spécial de se le dire en se regardant. Lorsqu'elle m'a dit «si ça te fait plaisir», je n'ai pas seulement entendu «si ça te chante» ou «si tu veux» ou quoi que ce soit du même genre. J'ai entendu une question, ou un ordre, ou les deux, quelque chose, comme, «si tu m'appelles, demande-toi, avant de faire le numéro, si tu le fais par plaisir». J'ai hoché la tête, légèrement largué, mais confiant et je me suis dit que mon esprit serait beaucoup plus disponible dans quelques heures pour résoudre les diverses énigmes que me proposait Sandra à chaque fois qu'elle ouvrait la bouche.

Alice était en grande forme. Elle avait pensé d'elle-même à se laver les mains avant la leçon et m'attendait à sa table, les pieds bien rangés sous le plateau de bois, la tête droite et les bras croisés comme une première de la classe.

— Qu'est-ce qui t'arrive? lui ai-je demandé, surpris.

— J'ai eu UN BON POINT, m'a-t-elle répondu, rayonnante.

— Félicitations, Miss, lui ai-je dit en lui serrant la main. Comment ça s'est passé ?

Pour mieux raconter son histoire, elle s'est mise à l'aise et j'ai retrouvé ma bonne vieille Alice, un pied par terre, l'autre sous les fesses, un doigt entortillé dans les cheveux et John entre les dents.

— C'était hier et on devait écrire la date au stylo en haut de la page, alors je me suis très bien appliquée et j'ai appelé Jean-Henri pour qu'il vienne voir et il m'a donné un bon point.

En disant ces mots, elle a sorti son cahier pour me montrer son exploit. *Jeudi 9 novembre* était écrit en haut à gauche, assez correctement, pas complètement sur la ligne, mais pas complètement hors de la ligne non plus ; il y avait une traînée bleue qui partait du 9 et s'effilochait jusqu'au milieu de la feuille ; et, en dessous, en beaucoup plus petit, Alice avait ajouté : *c'est mon anniversaire.*

Je me suis aussitôt redressé pour l'embrasser.

— Bon anniversaire, mon petit bouchon.

Mais pourquoi tu ne m'as pas dit? Je t'aurais fait un cadeau.

Mon estomac s'est retourné à la seule évocation d'un magasin de jouets rempli à ras bord d'adversaires en peluche, en caoutchouc, en bois et en fer, qui n'attendaient que l'anniversaire d'Alice pour me précipiter encore plus bas sur la voie de la déchéance. Une Barbie au regard aguicheur m'envoûtait: «Achète-moi, je ne coûte que cent trente-quatre francs.»

— Mais c'est une blague, a dit Alice en pouffant de rire. C'était juste pour avoir un bon point. Mon anniversaire, c'est le 2 août.

Alice, je t'adore, ai-je pensé. Je lui ai promis de lui faire quand même un cadeau car, étrangement, l'idée de ne pas y être obligé rendait la perspective beaucoup moins terrifiante. Après ça, je l'ai aidée à faire ses devoirs et on a lu ensemble les trois dernières pages de *Peter Pan*, pour le plaisir.

— Tu sais, m'a dit Alice au moment où

j'allais me lever, je suis contente de travailler avec toi.

— Moi aussi, je suis content. Et d'ailleurs pour que ça dure encore très longtemps, j'ai décidé d'attendre le retour de ta maman. On va sûrement parler de toi et de tous les progrès que tu as faits. Ta mère aussi est contente qu'on travaille ensemble, non ?

Alice s'est mordu la lèvre. Elle n'a rien répondu. D'une main, elle a saisi sa mèche de cheveux pour l'entortiller furieusement, et de l'autre, elle a attrapé John, dont — je dois dire — il ne restait plus grand-chose. Recroquevillée sur elle-même au milieu de sa chambre, elle avait l'air à moitié timbrée.

— N'aie pas peur, lui ai-je dit. Je suis sûr que ça va bien se passer.

Pieux mensonge. Je n'étais plus sûr de rien. La réalité dépassait-elle mes hypothèses les plus catastrophiques ? Quel genre de parents pouvaient avoir Pocahontas et Alice ? Si Alice, qui était sa propre fille, avait tant à craindre de

Mme Kinterlaffen, à quoi pouvais-je m'attendre, moi, un inconnu à qui elle devait trois cents francs? Le front légèrement moite, je me suis dirigé vers le salon. Dès que mes pas ont bruissé sur le parquet du couloir, la sérénade pour un cochon qui meurt s'est arrêtée et Pocahontas est sortie de sa chambre pour son rituel d'adieu. Elle avait une minijupe, genre bande velpo, et un pull serré et tout court en laine rouge sang. Quand je me suis assis sur le canapé du salon, j'ai vu ses grands yeux de biche s'ouvrir comme des soucoupes. Je me demande bien ce qu'elle me trouve, me suis-je dit, légèrement troublé. Le problème, c'est que plus elle faisait d'efforts pour me plaire, plus elle me rendait indifférent. Je sais que c'est injuste et dégueulasse et que pas mal de types avant moi ont raté leur place au paradis pour moins que ça, mais c'est la triste vérité.

— Je reste un peu, lui ai-je dit, affreusement méfiant.

Elle a eu un regard affolé. Je ne comprenais

plus rien. Dans mon scénario de départ, au moment où je prononçais cette phrase, elle se jetait voluptueusement sur le sofa et m'ouvrait ses bras dorés.

– Mais non, a-t-elle bégayé, tu peux pas. Ma mère va rentrer et tout.

– Justement, c'est pour ça que je reste – comme j'étais cruel –, je voudrais discuter un peu avec elle.

Pocahontas s'est mordu la lèvre et, tout à coup, elle est devenue le sosie d'Alice. Ses longues mains qu'elle gardait en général molle-ment posées sur ses hanches étroites se sont mises à tricoter dans le vide. Ses yeux ont fait quatre tours d'orbite et elle a eu une espèce de rire faux.

– Qu'est-ce qu'elle a, votre mère ? Elle est si terrible que ça ? lui ai-je demandé.

C'était surtout histoire de passer le temps, car terrible ou pas, je m'en fichais. Leur mère aurait pu être la fille naturelle de Cruella et de Franken-stein que ça ne m'aurait fait ni chaud ni froid. Je ne repartirais pas d'ici sans mes trois cents francs.

— Tu ne peux pas t'imaginer, m'a dit Pocahontas sans me regarder. Elle s'était assise tout
près de moi et son odeur de bûche fraîche m'est
arrivée par vagues. Elle est dure, tu vois. Elle ne
nous parle jamais. C'est moi qui fais la cuisine
pour tout le monde et Alice qui doit faire le
ménage.

J'ai regardé l'état de l'appartement et j'ai su
que Pocahontas mentait. Elle me resservait un
vieux conte de fées de derrière les fagots, avec
marâtre sadique et toute la panoplie. Si Alice
avait fait le ménage, il y aurait eu des toiles
d'araignée du sol au plafond, des restes de
coquillettes coincées dans les lattes du parquet,
de la peau de saucisson collée aux vitres et des
moutons de poussière volant entre deux airs
confinés. J'ai quand même hoché la tête d'un
air compréhensif.

— Dès qu'elle rentre, elle nous hurle dessus
et des fois, même, elle nous bat. Mon père est
parti, d'ailleurs. Un jour elle lui a dit: «Si je te
revois dans le coin, je te découpe en rondelles.»

— Non?

— Si!

— Et il l'a crue?

— Tu sais, a dit Pocahontas, les lèvres tremblantes. Je vais te dire un truc que je n'ai jamais
dit à personne.

Je sais ce que c'est, ai-je pensé. Ne gaspille
pas ta salive. Tu es amoureuse de moi, ça crève
les yeux, mais bon, c'est pas réciproque.

— Son premier mari...

— À qui?

— À ma mère. Son premier mari est mort
dans des circonstances mystérieuses...

Pauvre Pocahontas, complètement siphon-
née.

— ...on l'a retrouvé un matin dans sa
chambre, mort...

Très mystérieux, en effet.

— ...Il avait une main en moins, et tu sais
où on a retrouvé sa main?

— Dans le frigo? ai-je proposé.

— Dans le sac de ma mère.

— Son sac à main, ai-je ajouté en réprimant un fou rire.

— Exactement, m'a dit Pocahontas, hypnotisée par ses propres paroles.

À cet instant précis, une clé a tourné dans la serrure et la tueuse, la veuve noire, la tortionnaire d'enfants, l'immonde, l'horrible Mme Kinterlaffen a pénétré dans l'appartement. Aussitôt, Pocahontas a filé dans sa chambre, me laissant seul avec ce monstre sanguinaire. J'ai entendu une porte grincer et j'ai vu Alice se faufiler dans le couloir pour espionner la conversation.

— Bonjour, mon grand, qu'est-ce que tu fais là, tout seul?

Mme Kinterlaffen devait mesurer un mètre quarante-cinq en chaussures. Elle était toute ronde, avait une tête de Betty Boop et portait un gros cartable qui la faisait ressembler à une écolière attardée. Elle avait l'air aussi sanguinaire qu'une brebis en peluche.

— Madame Kinterlaffen? ai-je demandé, stupéfait.

Elle s'est mise à rire.

— Je sais ce que tu t'étais imaginé. Matame Kinterlaffen, la crosse fache allemante, ya ?!

Je ne comprenais rien. Je devais avoir l'air complètement idiot. Elle s'est assise en face de moi et a retiré son manteau.

— Avec un nom de berger allemand comme ça, les gens ont tendance à se faire une fausse image. Figure-toi que je suis d'origine portugaise. Kinterlaffen, c'est le nom de mon mari. Il ne va pas tarder, d'ailleurs. Qui es-tu, mon garçon ?

J'allais répondre quand un hurlement strident a jailli de la salle de bains.

— Qu'est-ce qui se passe encore ? a fait Mme Kinterlaffen sans s'affoler. Elle s'est levée et s'est dirigée vers le couloir. Dès qu'elle a disparu dans la salle de bains, Alice est entrée dans le salon.

— Elle est vachement gentille, ta mère, lui ai-je dit.

Alice m'a fait signe de me taire et s'est mise à me parler à l'oreille. Ça me chatouillait atrocement, si bien qu'au début, je n'ai rien compris à ce qu'elle me disait, mais, au bout de la troisième fois, j'ai réussi à entendre: «Les leçons, c'était pour de faux. Ma mère sait pas que tu viens. C'est Valou qui a tout inventé.»

Mon sang s'est figé sur place et j'ai eu l'impression que mes doigts se décrochaient un à un de mes mains, comme des stalactites au moment du dégel.

— Tout était faux, vraiment faux? lui ai-je demandé à voix basse.

— Non, pas tout; je suis nulle en classe et puis sale aussi. C'est pour ça que Valou a eu l'idée. Mais ma mère ne sait rien. Tu ne lui dis pas, hein? Si tu lui dis elle va tuer Valou et Valou va me tuer.

J'avais l'impression d'avoir été téléporté dans le manoir de la famille Addams.

— T'en fais pas, mon bouchon, lui ai-je dit en lui caressant la tête. Elle s'est penchée vers moi et m'a encerclé le cou de ses petits bras pleins de marques de feutre et de Nutella.

J'ai senti mon cœur fondre à l'idée que je ne la reverrais plus.

— Si tu veux, je te donnerai l'argent, pour les cours, m'a-t-elle glissé à l'oreille.

— Je m'en fiche de l'argent, lui ai-je répondu, et, dans la seconde où je l'ai dit, c'était presque vrai.

— Je sais que normalement on donne de l'argent pour les cours, Valou m'a expliqué. Je suis riche. Je te donnerai tout mon argent. Où tu habites?

Je lui ai dit où j'habitais et elle m'a conseillé d'être patient. Je lui ai recommandé de ne pas faire de folie en espérant qu'elle en ferait quand même. Elle a disparu dans sa chambre et Mme Kinterlaffen l'a remplacée.

— C'était rien. Une histoire de sèche-cheveux trop chaud, a-t-elle dit pour me rassurer.

J'avais envie de sortir de là, d'oublier que j'y avais mis les pieds. J'avais vaguement honte pour Pocahontas qui avait inventé toute cette histoire rien que pour un bisou par semaine. Elle aurait mérité que je tombe amoureux d'elle, mais c'était impossible et ça m'a rendu terriblement triste. J'ai pensé «ce n'est pas l'amour qui fait mal, c'est le manque d'amour».

— Alors, comme ça, tu es un ami de Valou? m'a demandé Mme Kinterlaffen, qui commençait à devenir collante.

— Non, ai-je dit en me levant. Je suis un ami d'Alice. Enchanté d'avoir fait votre connaissance.

Je lui ai serré la main sans lui donner plus d'explications, malgré l'expression de perplexité presque douloureuse qui se peignait sur son visage.

J'ai descendu la rue Popincourt pour aller prendre le métro jusque chez mon père. Je grelottais, les mains enfouies dans mes poches. Le vent me fouettait le visage et faisait pleurer mes yeux. Était-ce seulement le vent?

— Sandra?

— Oui?

— C'est moi.

— Ça me fait plaisir que tu m'appelles.

Je me suis souvenu tout à coup de ce qu'elle m'avait dit avant qu'on se quitte à la sortie du collège : «Si ça te fait plaisir.» Je ne m'étais pas posé de question en composant son numéro; dès que j'étais rentré chez mon père, je m'étais jeté sur le téléphone.

— Comment ça va? a-t-elle demandé.

— Pas bien.

— C'est normal.

— Pourquoi c'est normal?

— Parce que c'était trop simple. On ne sort pas d'un labyrinthe en allant tout simplement droit devant soi. Les détours ont un intérêt.

— Sandra, je suis fatigué. Je suis dans la merde. Je ne sais plus quoi faire. Est-ce que tu pourrais cinq minutes arrêter de parler par énigmes? Tu es une vraie fille, non? Comme les autres, non?

En disant ces mots j'ai été saisi d'une furieuse envie de la serrer dans mes bras, ce qui m'a fait rougir automatiquement.

— Bien sûr que oui, a-t-elle dit. Je sais que je t'énerve avec mes histoires, mais les explications, ça m'ennuie. Tu sais, je n'ai pas treize ans.

La rougeur a quitté mon visage et elle a aussitôt été remplacée par des sueurs froides. Moi non plus, tout à coup, je n'aimais pas les explications.

— Le téléphone aussi m'ennuie, mais tant pis. Je vais te faire une explication au téléphone, et après ça, si on est toujours vivants, on verra bien. Tu m'écoutes?

— Je t'écoute, ai-je dit, à bout de souffle.

— J'ai seize ans. J'ai donc trois ans de retard. Mais aussi trois ans d'avance sur toi. Pendant cinq ans, j'ai vécu sur un bateau avec ma mère. Ma mère n'est pas comme moi. Elle est navigateur. Au début, elle m'a inscrite aux cours par correspondance, mais c'était impossible de suivre. Il y avait toujours quelque chose à faire sur le bateau et, en fait, je crois qu'elle ne voulait tout simplement pas que je connaisse quoi que ce soit de l'école. Elle voulait tout m'apprendre. À la fin de cet été, je l'ai quittée. Je ne sais pas pourquoi. Je ne pouvais pas faire autrement. Je suis retournée vivre avec mon père. Il est très bien, très normal. Elle me manque.

Si seulement j'avais su quoi dire. J'avais l'impression d'être un tout petit garçon. J'ai repensé à la vieille d'Antibes, la fiancée de mon frère. Elle n'avait que deux ans de plus que Sandra. Mais Sandra était différente. Elle ne faisait pas comme si elle était une dame. Elle était juste très grande pour son âge.

— Je ne te crois pas, lui ai-je dit, sans savoir d'où cette phrase sortait.

J'étais sûr qu'elle allait me raccrocher au nez, mais elle s'est mise à rire, à rire comme une folle et je l'ai entendue embrasser le téléphone.

— Qu'est-ce que tu fais?

— Je t'embrasse, m'a-t-elle dit en riant.

J'ai collé ma bouche sur l'écouteur et je me suis senti complètement chaviré.

Toutes des menteuses, ai-je pensé, assez fier de moi. Je ne savais plus trop, à vrai dire, ce qui était vrai ou faux.

— Tu as fait d'énormes progrès en philosophie chinoise, m'a dit Sandra.

— On dirait que l'élève dépasse le maître, lui ai-je répondu.

— Le maître n'a pas dit son dernier mot, moucheron.

— L'élève espère bien, Sandra.

J'allais raccrocher, mais au dernier moment, j'ai repêché le combiné.

— Sandra?

— Quoi?

— Rien, enfin, je voulais… non, rien.

— Moi, pareil, a-t-elle dit avant de raccrocher.

J'ai baissé les yeux vers ma poitrine pour
voir mon cœur battre à travers ma chemise. J'ai
fait le tour de l'appartement en courant, j'ai
sauté à chaque pas de porte pour claquer le haut
du chambranle, j'ai poussé un cri de cow-boy
et j'ai fini dans la salle de bains, face au miroir.

— Tu es extrêmement beau, me suis-je dit
en face.

À partir de là, tout s'est enroulé comme un
fil d'aspirateur. Lundi matin je recevais par la
poste cinquante tickets de tombola de la part
d'Alice. Elle avait trouvé ce carnet dans la cour
d'école et comme il n'était à personne, elle
l'avait gardé jusqu'au jour où elle avait décidé
de me le donner. Je n'avais qu'à les vendre dix
francs pièce, elle m'assurait que les gens ado-
raient acheter des tickets de tombola. «Et surtout», écrivait-elle au bas de sa lettre, «ne
donne pas l'argent à l'école, c'est pour toi, pour

les leçons. Je suis sûre que Jean-Henri serait d'accord.» Le carnet était plein de taches et vieux de trois ans, mais ça valait le coup d'essayer.

De son côté, Sandra travaillait elle aussi pour moi. Elle avait mis au point un chantage idiot mais incroyablement efficace. «Parfois», m'avait-elle dit d'un air inspiré, «il faut aussi savoir ne pas faire de détours.» Elle était allée voir Kevin et lui avait dit: «Si tu ne rends pas l'argent à Louis, je dis tout à Babeth.» À Fabien: «Si tu ne rends pas l'argent à Louis, je dis tout à Sonia.» Et à Walter: «Si tu ne rends pas l'argent à Louis, je dis tout à ta mère.» Lorsqu'elle m'avait rapporté plus de cinquante francs, je n'en avais pas cru mes yeux.

— Ne me dis pas qu'ils ont marché.

— Tout le monde a quelque chose à se reprocher, c'est connu.

Sur le coup, je n'ai pas osé le lui dire, mais j'ai pensé que ce n'était pas tant à cause du chantage que Kevin, Fabien et Walter avaient tout remboursé ; d'autant plus que Fabien n'était plus avec Sonia depuis trois jours et que Babeth se fichait pas mal de la vie privée de Kevin, qui n'était que son troisième amoureux en partant de la gauche. Il n'y avait que Walter comme cas plausible. J'étais persuadé que ce qui avait joué, aussi bien pour lui que pour les autres, c'était ce fameux champ magnétique, ce voile de cendres sur la tête de Sandra, son air de statue et sa froideur. Elle leur avait tout simplement fait peur, parce qu'elle était comme elle était, qu'elle était faite comme ça.

Un à un, les sous sont rentrés dans la cagnotte, aidés, il est vrai, par la main du destin... enfin, c'est peut-être un bien grand mot ; un vendredi soir, en rentrant chez mon père, j'ai découvert un petit magot livré sous mon oreiller par Véra. Elle ne reculait décidément devant rien pour s'attirer mes faveurs. «Ton père m'a dit que tu l'avais appelé. C'est tellement gentil. Je ne sais pas quoi t'offrir pour te remercier. Je sais que ça ne se fait pas, mais comme ça, tu pourras choisir toi-même», disait le petit mot qui entourait le billet à l'intérieur de l'enveloppe.

Je n'avais pas besoin de sortir mon carnet de comptes pour savoir que l'heure de la revanche avait sonné. J'ai payé l'assurance (ce qui n'a pas été une partie de plaisir, vu que pour payer en liquide, c'est beaucoup plus compliqué), j'ai envoyé un colis à Alice, avec une nouvelle édition de *Peter Pan* reliée cuir – je l'avais choisie parce que le cuir est ce qu'il y a de moins salissant, c'est ma mère qui me l'a dit. J'ai remboursé les quarante francs que je devais à Sandra et je me suis payé une nouvelle trousse.

À l'heure qu'il est, je devrais donc vous parler du plus haut sommet du nirvana, et pourtant...

Je ne veux pas me plaindre, tout le monde est extrêmement gentil avec moi. Je mange bien, je prends des cachets pour dormir, il y a des trucs pas mal à la télé. Edson a repoussé son soi-disant voyage à Moscou et il devrait passer me voir d'ici à deux ou trois jours. Ma mère et mon père sont venus ensemble, et ça m'a fait plaisir; je sais que ça ne sera plus jamais comme avant entre eux, mais j'ai apprécié cette dernière mascarade. Même Kevin et Djamel m'ont rendu visite. Il faut dire que je suis devenu une sorte de héros au collège.

C'était il y a une semaine et j'étais malade. Malade d'excitation, de joie, et de je ne sais quoi d'autre. Je venais d'obtenir l'attestation d'assurance et je l'avais portée au bureau de M. Mulot — ce qui lui avait fait une bien belle jambe. Ma nouvelle vie commençait. Sandra et moi, on s'était fixé rendez-vous à l'interclasse, au troisième étage de l'escalier B et je sentais qu'il allait se passer quelque chose. Il devait se passer quelque chose, parce que je n'en pouvais plus. Depuis notre coup de fil dément, on avait à peine eu le temps de se croiser, complètement occupés par nos problèmes de trésorerie. Mentalement, je m'étais repassé des milliers de fois la conversation qu'on avait eue. «Qu'est-ce que tu fais?» «Je t'embrasse.» Embrasse-moi, Sandra. À présent que j'étais libéré, je ne pouvais plus penser à autre chose. J'étais en colère, parce que ça commençait à faire mal. Si ça fait mal, c'est que tu ne l'aimes pas, me disais-je pour calmer la douleur. Juste après le cours d'anglais, on est montés là-haut. On courait à toute vitesse dans l'escalier et on se bousculait comme des camionneurs. Arrivés au troisième, je me suis assis sur la rampe, pour reprendre mon souffle, et un peu aussi pour impressionner Sandra. Je n'avais plus peur de rien, j'étais couvert par l'assurance, je retrouvais mon agilité d'avant, chacun de mes muscles me suppliait de le laisser agir. Sandra s'est approchée, et je me suis mis à trembler comme un fou. Quelque chose allait arriver. J'avais fait une erreur et j'avais payé assez cher. C'était mon tour d'être le roi de la fête. Elle a posé sa main près de la mienne, et soudain, j'ai vu son regard filer vers le bas. Je me suis retourné. Son écharpe avait glissé de son bras et planait dans la cage d'escalier. Je ne sais pas exactement ce qui s'est passé. D'une certaine manière, je crois simplement que j'ai voulu la rattraper. J'ai entendu le hurlement avant de me rendre compte que je tombais. Un long hurlement qui ne venait pas de ma bouche. J'ai réussi à rattraper vaguement un barreau au passage, ce qui a légèrement freiné ma chute. Au rez-de-chaussée on avait entassé des tatamis pour interdire l'accès au gymnase durant les travaux. Si le directeur n'avait pas décidé de repeindre la salle de sport, si les profs de gym n'avaient pas décidé d'utiliser les tatamis pour dissuader les visiteurs inopinés, je serais sûrement mort. Mais je sais que ça ne veut rien dire. Je suis seulement mort de joie.

Je n'ai pas perdu conscience. J'ai entendu les cris résonner à travers les couloirs, j'ai imaginé M. Mulot, s'affolant pour la première fois depuis son arrivée au collège, en train de téléphoner au SAMU – soixante-quinze centimes, pris en charge par l'assurance. L'ambulance est arrivée très vite − au tarif taxi, ça devait faire quelque chose comme vingt-cinq francs, pris en charge par l'assurance. Les brancardiers étaient incroyablement gentils et attentionnés, ils m'ont ramassé comme un verre de cristal et m'ont déposé sur une espèce de coussin gonflable très high-tech, trois cents francs minimum, plus la main-d'œuvre, quatre cent vingt francs hors taxes, pris en charge par l'assurance. Je souriais bêtement. Ils ont cru que j'avais pété un plomb et ont fait des têtes d'enterrement. C'était si bon de se laisser tomber, de se briser en mille morceaux et de ne pas avoir peur de rester à pourrir en attendant la mort. J'étais tranquille, je planais à mille kilomètres. Je savourais chaque centime dépensé pour ma survie. Hum, la bonne petite perfusion à cinq francs le litre, miam, la belle salle des urgences, délice les radios, orgasme le scanner à vingt mille francs, somptueuse la chambre individuelle avec équipement spécial pour les grands blessés. En moins de deux heures, on avait dépensé près de trente mille francs rien que pour moi et mes parents n'étaient pas ruinés. Pris en charge, couvert, l'assurance s'occupait de tout.

Les deux jambes dans le plâtre, je regarde mes orteils légèrement violets qui poussent comme deux mauvaises fleurs entre les filins d'extension et les broches multiples qui se déploient comme une armée d'antennes de télé en marche de mes cuisses à mes chevilles : j'ai mal et j'attends. J'attends que la porte s'ouvre et que Sandra entre. J'attends qu'elle n'ait plus peur de venir me voir, j'attends qu'elle se pardonne tout. Je sais qu'elle viendra et, allongé sur mon matelas dans l'irresponsabilité la plus totale, je savoure chaque seconde qui me sépare du bonheur. À présent, ce n'est plus qu'une question de temps.

On frappe.